前言

随着物联网、大数据、云计算、人工智能等新一代信息技术的迅猛发展，数字化必将催生工业领域的又一次革命。继德国提出"工业 4.0"和美国提出"工业互联网"，我国也推出了自己的工业互联网战略规划，促进制造业加速向数字化、网络化、智能化方向发展。

作为工业互联网的重要组成部分，数据采集与边缘计算是实现智能制造、提升生产效率的关键环节。目前，工业互联网数据采集与边缘计算的应用场景日益丰富，为传统制造业的转型升级提供了强大的技术支撑，也为该领域的人才培养提出了新的需求。

本书作为一本面向工业互联网领域从业人员的入门图书，旨在为读者提供全面、实用的工业互联网数据采集与边缘计算知识。本书从工业互联网的基本概念出发，系统性介绍数据采集的基本原理、方法及工具，以及边缘计算的概念、架构与应用，意图帮助读者掌握工业互联网数据采集与边缘计算的核心技能，为未来的职业发展奠定坚实基础。

在我们编写团队中，有人长期从事工业互联网/物联网的教学和研究工作，有着深厚的理论基础和丰富的项目经验，对工业互联网技术的发展动态有着独到的认识；有人在工业互联网的行业应用落地方面有着丰富的工程经验。在编写过程中，我们注重理论与实践的结合，通过丰富的案例分析和实际操作，帮助读者更好地理解工业互联网中的数据采集与边缘计算技术。同时，我们也结合工业互联网的发展动态，将新技术新成果融入本书，以保持本书的先进性和实用性。

我们相信本书对工业互联网领域的从业人员和高等院校相关专业的学生会有所帮助，对工业互联网技术的普及和人才培养体系的完善也将发挥积极作用。

为了更好地帮助读者复现和体会书中内容，我们提供了配套资源，请扫描下方二维码，关注"信通社区"公众号，并回复数字"66014"进行获取。

"信通社区"公众号二维码

编者

2025 年 4 月

工业互联网技术与应用丛书

工业互联网数据采集与边缘计算项目化教程

赵　静　许桂秋◎主　编

杜　乐　廖陆屿◎副主编

人民邮电出版社

北　京

图书在版编目（CIP）数据

工业互联网数据采集与边缘计算项目化教程 / 赵静，
许桂秋主编. -- 北京 ：人民邮电出版社，2025.
（工业互联网技术与应用丛书）. -- ISBN 978-7-115
-66014-5

Ⅰ．F407.4-39；TP273

中国国家版本馆 CIP 数据核字第 2025XY5168 号

内 容 提 要

本书从工业数据采集与边缘计算的应用实践出发，寓教于实操，详细阐述工业互联网中数据采集与
边缘计算的基础原理，以及在典型应用场景下的最佳实践方法。本书项目包括工业数据采集概述、工业
现场设备、工业数据、工业智能网关、边缘计算、物联网数据采集、温湿度传感器数据采集、西门子 PLC
数据采集，以及数据采集与边缘计算故障处理。本书部分实验以行业主流的西门子博途全集成自动化软
件为基础环境，紧跟行业需求和发展现状，以业内典型应用为参考设计和开展相关实验，力求培养读者
扎实的理论基础和动手能力。

本书内容丰富，实验内容系统全面，做到了理论联系实际，是一本快速掌握工业互联网数据采集与
边缘计算的入门级图书。本书可作为工业互联网领域从业者的参考书，也可作为高等院校工业互联网相
关课程的教材。

◆ 主　　编　赵　静　许桂秋
　　副主编　杜　乐　廖陆屿
　　责任编辑　张晓芬
　　责任印制　马振武

◆ 人民邮电出版社出版发行　　北京市丰台区成寿寺路 11 号
　　邮编　100164　电子邮件　315@ptpress.com.cn
　　网址　https://www.ptpress.com.cn
　　三河市君旺印务有限公司印刷

◆ 开本：787×1092　1/16
　　印张：11.5　　　　　　　　　　2025 年 7 月第 1 版
　　字数：268 千字　　　　　　　 2025 年 7 月河北第 1 次印刷

定价：59.80 元

读者服务热线：(010)53913866　印装质量热线：(010)81055316
反盗版热线：(010)81055315

目录

项目一 工业数据采集概述

1.1 项目要求

1. 掌握 DC-WEB 平台的设置与使用方法。
2. 通过 DC-WEB 平台了解工业数据平台的架构和应用。

1.2 学习目标

1. 熟悉工业数据采集的定义、范围、意义。
2. 熟悉工业数据采集的实现方式和对应的适用场景。
3. 能说出使用工业网关进行数据采集的主要流程。
4. 能评估工业场景采用的工业数据采集方案。

1.3 相关知识

1.3.1 工业互联网平台的概念和体系框架

1. 工业互联网平台的概念

工业互联网平台是工业全要素、全流程、全产业链与互联网深度融合的载体，能够将信息流、资金流、人才创意、制造工具和制造能力在云端汇聚，将工业企业、信息通信企业、互联网企业、第三方开发者等主体在云端集聚，将数据科学、工业科学、管理科学、信息科学、计算机科学在云端融合，推动资源、主体、知识集聚共享，形成社会化的协同生产方式和组织模式。它是工业 4.0 和智能制造的关键支撑，对于推动工业的数字化、网络化和智能化发展具有重要作用。

2. 工业互联网平台的体系框架

工业互联网平台的体系框架通常由边缘层、IaaS 层、平台层、应用层等多层组成，如图 1-1 所示。下面主要介绍边缘层、平台层和应用层。

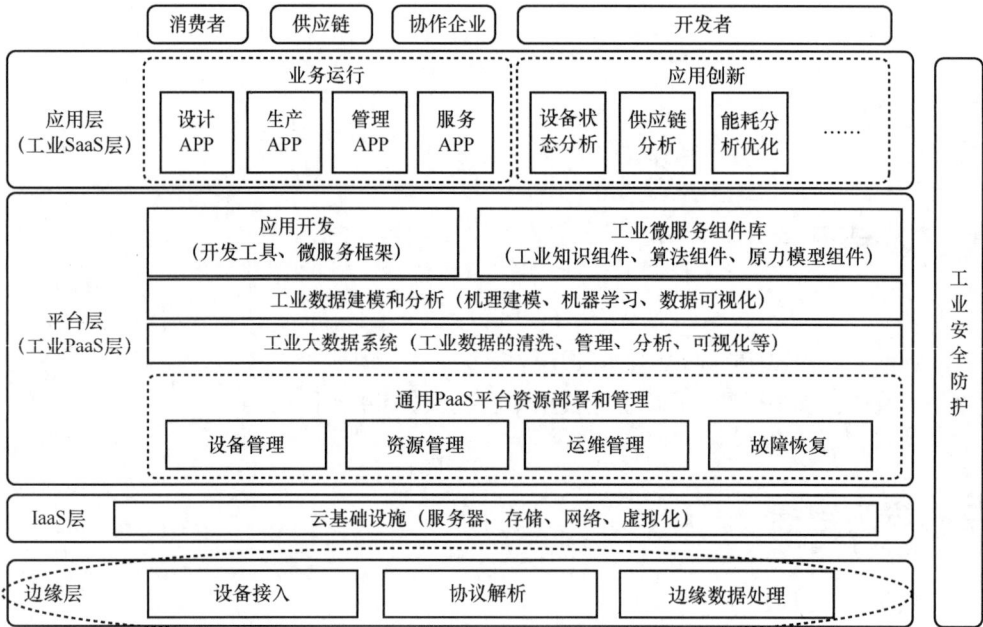

PaaS——platform as a service，平台即服务；
SaaS——software as a service，软件即服务；
IaaS——infrastructure as a service，基础设施即服务。

图 1-1　工业互联网平台的体系框架

（1）边缘层

边缘层对终端设备产生的工业数据进行采集，并对不同来源的工业数据进行协议解析和边缘处理。

边缘层兼容 OPC[1]、OPC UA[2]、Modbus 等各类工业通信协议，把采集的数据进行格式转换和统一，再通过光纤、无线电波等链路，将相关数据以有线或无线方式（如 5G、NB-IoT等）传输到工业互联网平台。

边缘计算技术是边缘层的重要技术，能够在源头附近对数据进行处理，缩短数据传输时延和降低带宽需求。

（2）平台层

这里的平台层是指工业 PaaS 层，是工业互联网平台的核心，通过构建一个可扩展的

---

1 OPC，object link and embedding for process control，其中文含义是应用于过程控制的 OLE（对象链接与嵌入）。
2 OPC UA，OPC unified architecture，一种独立于平台、面向服务、开放和安全的通信架构。

操作系统，为工业 APP 的开发提供基础服务。

平台层向下能够调用部署在 IaaS 层的资源，向上能够为应用层提供功能模块、管理模块、计算存储等资源的调用和配置。

平台层的核心是基于微服务架构的数字化模型，即将大量的工业技术原理、行业知识、基础工艺、模型工具等规则化、软件化、模块化，并封装为可重复使用的组件。

（3）应用层

应用层通过推动工业技术、经验、知识和最佳实践的模型化、软件化，形成满足不同行业、不同场景的应用服务，以工业 APP 的形式呈现出来。

应用层由传统软件云化和基于平台层开发的工业 APP 构成，面向企业客户提供 SaaS 服务。

应用层通过不断汇聚应用开发者、软件开发商、服务集成商、工业用户和平台运营商等各方资源，正在成为行业构建和打造共生共赢工业云生态系统的关键。

1.3.2 工业互联网设备数据采集的工作内容

工业互联网设备数据采集的工作内容广泛且复杂，涉及多个环节和方面，以确保工业生产的智能化、高效化和精细化管理。

1. 数据采集范围

工业互联网设备数据采集涉及以下方面。

生产设备数据采集。生产设备数据包括各类生产设备的运行状态、运行参数、故障信息等数据。这些数据对于了解设备性能、预测维护需求、提高生产效率来说至关重要。

生产过程数据采集。生产过程数据是指生产过程中产生的各种数据，如温度、压力、液位、转速等，以及生产计划、生产进度、工艺流程等数据。采集这些数据有助于企业监控生产过程，优化生产流程，提高产品质量。

产品检测数据采集。产品检测数据是指产品的各项指标，如质量、性能、尺寸等数据。采集这些数据对产品质量的控制和提升具有重要意义。

2. 数据采集方法

数据采集方法有以下几种。

使用标准协议，如 Modbus、OPC UA、MQTT[1]、HTTP/HTTPS 等进行数据采集。这些协议在工业领域被广泛应用，能够支持不同型号、不同接口的设备之间的数据交换。

利用工业智能网关进行数据采集，这种方法可以解决设备异构、接口不统一等问题。工业智能网关支持多种通信接口和联网方式，能够方便地接入各种工业设备，实现数据的采集和传输。

通过调用特定的 API 或 SDK（软件开发工具包）进行数据采集，这种方法适用于那

1　MQTT: message queuing telemetry transport，消息队列遥测传输。

些提供了开放接口的设备或系统。

3．数据处理与分析

数据处理和分析体现在以下方面。

数据存储与管理。工业互联网平台需要具备强大的数据存储和管理功能，能够存储和管理各种类型的数据。平台需要具备数据备份和恢复功能，以确保数据的可靠性和安全性。

数据分析与可视化，指对采集到的数据进行分析，并将结果进行可视化呈现，以便更好地展示数据规律和特性。通过数据分析，企业可以发现生产过程中的问题，优化生产流程，提高生产效率。

4．数据安全与隐私保护

对于数据安全，工业互联网平台需要采取严格的数据安全措施，确保数据的机密性、完整性和可用性。这包括数据加密、访问控制、安全审计等措施。

对于隐私保护，在数据采集和处理过程中，需要严格遵守相关法律法规，保护个人隐私和企业商业秘密。

5．其他相关工作

工业互联网设备数据采集还涉及以下工作。

设备联网与通信。设备联网与通信是为了确保工业设备能够稳定地接入工业互联网平台，实现设备之间的互联互通。

系统集成与定制开发。这是指根据企业的实际需求，进行工业互联网平台的系统集成和定制开发，以满足企业的特定需求。

综上所述，这些工作共同构成了工业互联网设备的数据采集流程，为企业实现智能化、高效化和精细化管理提供了有力支持。

1.3.3　工业数据采集的定义和意义

中国工业互联网产业研究院对工业数据采集的定义为：利用泛在感知技术对多源设备、异构系统、运营环境、人等要素信息进行实时高效采集和云端汇聚。

工业数据采集的意义体现在以下方面。

工业数据可以加速业务场景交互，推进传统产业的改造升级。工业数据在生产过程中的应用类似于给生产制造配上了"大脑"，使生产制造灵活应对各种业务场景。通过智能数控设备、传感识别技术、制造执行系统等先进的数字装备与管控技术，实时采集生产制造过程中的工业数据，可实现生产装备和生产过程的"透明化"运行，结合人工智能、大数据等技术，实现生产装备和生产过程的智能化。分析整合产品数据、制造设备数据、订单数据及生产过程中产生的其他数据可显著提高生产控制的准确度，大幅增强生产制造的柔性化水平和协调度。

在设备状态监测方面，实时采集温度、电压、电流等数据可以帮助企业了解设备实时的运行状态，实现对设备全面、实时、精确的状态感知。

在设备故障诊断方面，利用大数据分析技术可对设备工作日志、历史故障、运行轨迹、实时位置等海量工业数据进行挖掘分析，基于知识库和自学习机制建立故障智能诊断模型可实现设备故障精准定位。

在预测性维护方面，基于设备全生命周期的运行数据，企业可提前预判设备关键部件的变化趋势、产品使用寿命和潜在风险，预测设备零部件的损坏时间，以便主动提前进行维护。

如何从大量设备和系统中获取数据，是数字化转型面临的第一个需要解决的问题。只有采集足够数量的工业数据，才能基于工业数据做分析、处理、监控、智能决策等工作，才能实现数字化价值。从这个层面来讲，工业数据采集是智能制造和工业互联网的基础和先决条件，是企业实现透明工厂、智能工厂建设的基础。

1.3.4　工业数据采集的范围

工业数据采集既包括工业现场设备的数据采集和工厂外智能设备的数据采集，也包括对企业资源规划（enterprise resource planning，ERP）、制造执行系统（manufacturing execution system，MES）等应用系统的数据采集。

1. 工业现场设备的数据采集

工业现场设备的数据采集主要通过现场总线、工业以太网、工业光纤网络等工业通信网络实现。工业现场设备的数据采集可分为以下 3 类。

（1）对可编程逻辑控制器（programmable logic controller，PLC）、远程终端（remote terminal unit，RTU）、嵌入式系统、工业计算机（industrial personal computer，IPC）等通用控制设备的数据采集。

（2）对机器人、数控机床、自动导引车（automated guided vehicle，AGV）等专用智能设备的数据采集。

（3）对传感器、变送器、采集器等专用采集设备的数据采集。

采集生产现场数据主要采用基于智能装备本身和加装传感器这两种方式。生产现场数据包括设备（如机床、机器人）数据、产品（如原材料、在制品、成品）数据、过程（如工艺、质量等）数据、环境（如温度、湿度等）数据、作业数据（现场人员操作数据，如单次操作时间）等，如图 1-2 所示。采集的这些数据主要用于工业现场生产过程的可视化和持续优化，实现智能化的决策与控制。

2. 工厂外智能设备的数据采集

工厂外智能设备的远程接入和数据采集主要通过工业物联网实现，其中的数据采集主要指智能设备运行时关键指标数据，包括但不限于如工作电流、电压、功耗、电池电量、内部资源消耗、通信状态、通信流量等数据。采集的数据主要用于实现智能设备的远程监控、健康状态监测和远程维护等。图 1-3 展示了工程机械的数据采集。

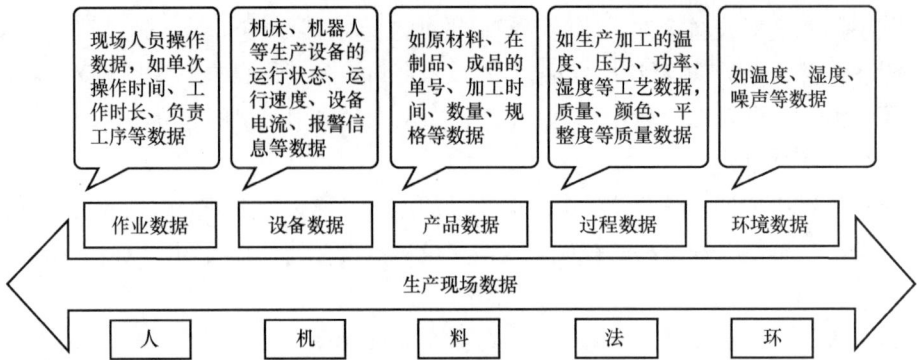

图 1-2　生产现场数据

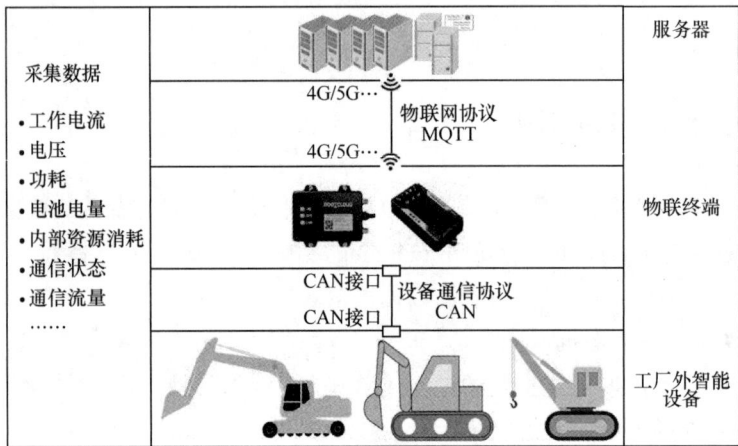

CAN——controller area network，控制器局域网。

图 1-3　工程机械的数据采集

3．对 ERP、MES 等应用系统的数据采集

ERP、MES 等应用系统数据的采集主要由工业互联网平台通过接口和系统集成方式来实现。图 1-4 展示了数据采集与监控（supervisory control and data acquisition，SCADA）系统、集散式控制系统（distributed control system，DCS）、MES、ERP 等应用系统通过接口和系统集成方式实现的数据采集。系统集成技术与应用相关研究已经有很多了，本书不展开介绍。

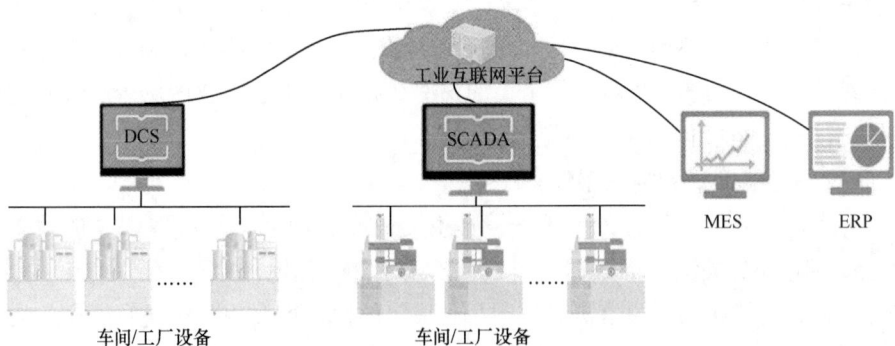

图 1-4　应用系统的数据采集

1.3.5　工业数据采集的实现

本书的学习任务主要让读者了解企业的工业现场设备的数据采集。数据包含设备数据、产品数据、过程数据、环境数据、作业数据。在制定数据采集方案的时候，我们需要遵循两大原则。

原则 1：目的性。在进行设备的数据采集之前，先明确采集这些数据的目的，以及这些数据到底能够带来什么样的业务价值。诚然，国内大部分工业现场还处在解决生产过程可见性的阶段，因此，能够把数据采集上来是当务之急，至少能够实时地了解工业现场发生了什么。但是，在智能制造的大背景下，我们需要看得远一些，在做数据采集之前尽可能多地思考一下什么样的数据对我们的业务改进帮助最大，这样也许会让我们在数据采集方面提高投资回报率。

原则 2：经济性。工业现场环境非常复杂，涉及的工业设备种类非常多。对于工业现场的数据采集，同一种场景下可能有多种采集方案。但是，企业作为盈利组织，首先考虑投资回报率，因此，我们做设备数据采集时，一定要结合数据采集业务目标，充分利用设备的现有条件（如设备已经具备的上位机系统、已经具备的通信协议等），用经济高效的方式来做数据采集方案的设计。

下面介绍常见的采集场景和对应的采集方案。

（1）有上位机系统的设备数据采集

这里的上位机系统一般是设备自带的监控系统。这类设备的自动化程度和信息化程度往往比较高，它的上位机系统往往已经对设备数据进行了采集和存储，因此，对于这种有上位机系统的设备，首选的数据采集方案就是直接从上位机系统中获取设备的数据。这种方案能够把一个运营技术问题（设备层面的数据采集）转化为信息技术问题（两个信息系统的信息集成），因为上位机系统能将设备的数据存储到自身所带有的数据库中，以开放数据库访问权限的方式，或以 WebService 方式释放数据访问接口。

（2）基于 TCP/IP 的设备数据采集

对于生产现场中没有上位机系统的众多设备，我们需要从设备所支持的通信协议和支持的接口角度入手，制定数据采集方案。

对于"基于 TCP/IP"，比较常用的有 OPC Classic、西门子 S7、Modbus-TCP 等通用协议，也有设备企业自行定义的私有协议。这些协议的特点是基于 TCP/IP 协议族，只是应用层协议不同。采用这些协议的设备一般会有 RJ-45 接口，也就是以太网口。

这种设备的数据采集一般是通过工业网关（也简称网关）进行的，由工业网关解析上述工业通信协议，实现对设备数据的采集。整个采集流程从工业现场的设备端开始。首先，通过控制系统的数据接口并结合工业通信协议，把数据采集至边缘设备（如工业网关）。然后，工业网关对工业通信协议进行解析，把设备数据转换为网络数据。最后，结合物联网协议，把采集的数据通过联网方式上传至工业互联网平台服务器或采集服务器。

图 1-5 展示了基于 TCP/IP 协议族的设备数据采集流程。

图 1-5　基于 TCP/IP 协议族的设备数据采集流程

目前通过工业网关进行数据采集是比较主流的工业设备数据采集方式。当然在这种应用场景下，数据也可以使用软网关进行采集。软网关采集是指脱离了硬件，直接把工业网关中的嵌入式软件作为一个边缘采集软件安装在上位机系统中运行，之后也通过对工业通信协议的解析，把设备数据转换为网络数据，并上传至工业互联网平台服务器或采集服务器。

（3）基于非 TCP/IP 的设备数据采集

这一类设备的协议不属于 TCP/IP 协议族，往往在硬件接口方面就与以太网不兼容，比如 RS-485 等。对于这类设备的数据采集，我们一般采用兼容该设备接口和工业协议的专用网关。专用网关先将协议转换为 TCP/IP 相关协议，再通过网络进行协议解析，进而实现数据采集。这类设备采用的协议有 Modbus-RTU、DeviceNet 等。

（4）不具备通信接口的设备数据采集

对于建立较早的工业企业，它们会存在大量没有控制单元或没有拓展功能的老旧设备，比如不带数控系统的机床。这些设备没有通信接口，无法直接通信和采集数据。这时，我们可以对设备进行改造，安装传感器、变送器、数据采集板卡、采集器等设备，采集设备的运行数据，如作业信号、电流、工作温度等。这种方法涉及对设备的一些改造，操作难度是比较大的。比较常见的方式是采集 I/O 信号，由采集设备将设备的开关量（数字信号）、模拟量（模拟信号）转化成网络数据，通过有线或无线网络传送给工业互联网平台服务器。这种方式成本较低，但能采集的数据有限、质量不高，适用于没有控制单元的设备、控制器协议不开放的设备、不具备拓展功能的老旧设备、无法评估风险的关键工艺设备或生产线关键设备。

在直接采集某目标量 Y_1 比较困难的情况下，可以考虑比较容易采集且采集成本较低的目标量 Y_2，用 Y_2 来近似计算 Y_1 的值，例如，采集某些老旧设备的运行时间数据。这些设备往往没有对外通信的接口，没有办法直接获得其运行和停止的开关量信号。这时，我们可以给设备安装互感器来监测设备电动机的电流，以电流的大小来判断设备的启/停，从而获得设备实时运行状态，再加以计算获得设备的运行时间数据。

（5）基于人工采集终端场景的数据采集

有些信息化水平偏低的工业企业在某些生产环节中无法实现数据的自动采集，这时可以通过现场工位机、移动终端、条码扫描枪等人工采集终端进行数据采集。数据采集内容包括生产开工与完工时间、生产数量、检验项目、检验结果、产品缺陷、设备故障等。基于人工采集终端的数据采集受制于人的主动性，在数据的实时性、准确性、客观性等方面有所欠缺。

1.4　实验过程

本实验将介绍工业互联网数据采集中常用的大屏管理功能。这里采用 DC-WEB 可视化大屏的应用方案（简称 DC-WEB 可视化大屏方案），该方案主要用于数据统计及可视化。

DC-WEB 可视化大屏方案数据获取方式是向后端发送请求，由后端程序从数据库中获取数据并进行预设处理，之后将数据返回前端，通过大屏对进行展示。这种方式的特点在于获取数据非实时性，即从数据库中调取数据进行可视化。

下面以工业互联网的监控大屏为例，介绍 DC-WEB 可视化大屏应用方案的实现过程。监控大屏成品效果如图 1-6 所示。

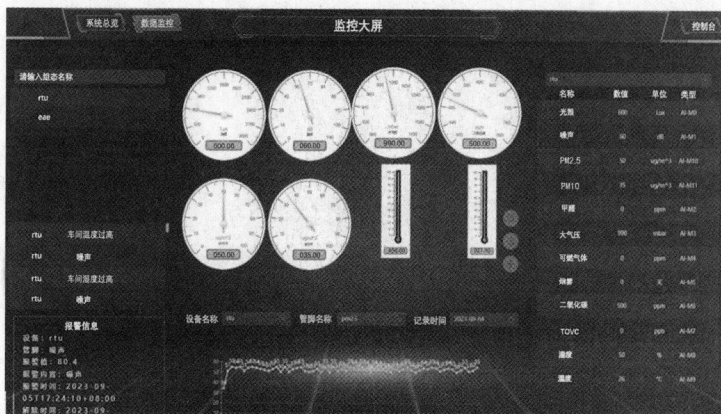

图 1-6　监控大屏成品效果

DC-WEB 开发界面如图 1-7 所示。大屏有较为丰富的组件，包含图表组件区、图层控制区、详情设置区等多个功能区。具体实现过程如下。

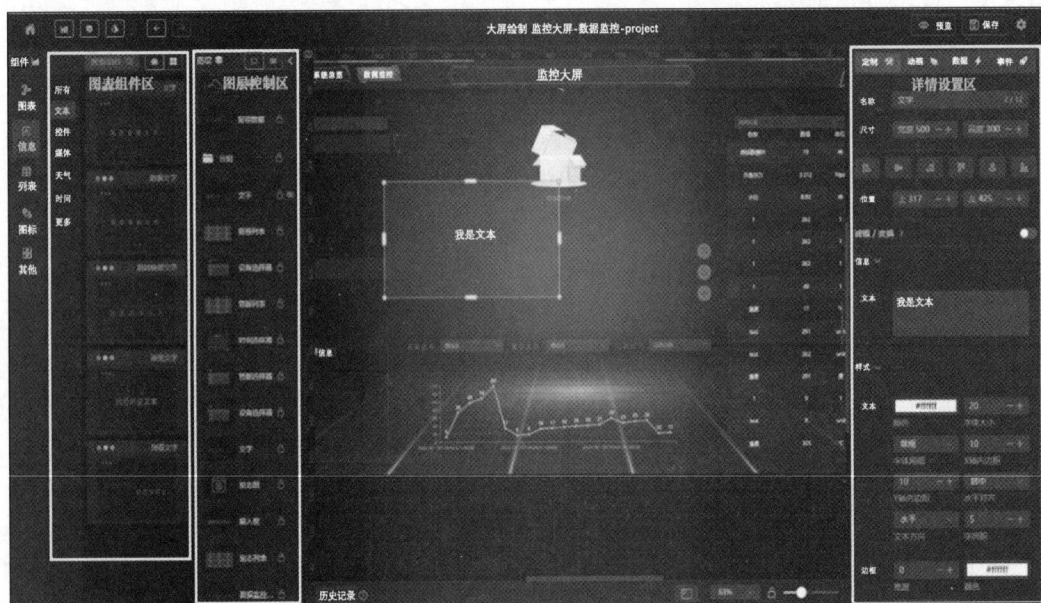

图 1-7　DC-WEB 开发界面

（1）打开绘制界面

在控制台界面，依次单击"大屏管理"→"自定义大屏"选项，如图 1-8 所示。

图 1-8　控制台界面的操作

进入自定义大屏界面后，单击⊕图标可新建大屏，单击✐图标可编辑指定大屏界面，单击◉图标可预览指定大屏界面，如图 1-9 所示。

图 1-9　自定义大屏界面

（2）设置背景

监控大屏的背景可以设置为图片或者纯色，这里的设置操作在图 1-10 所示的画布设置界面完成。

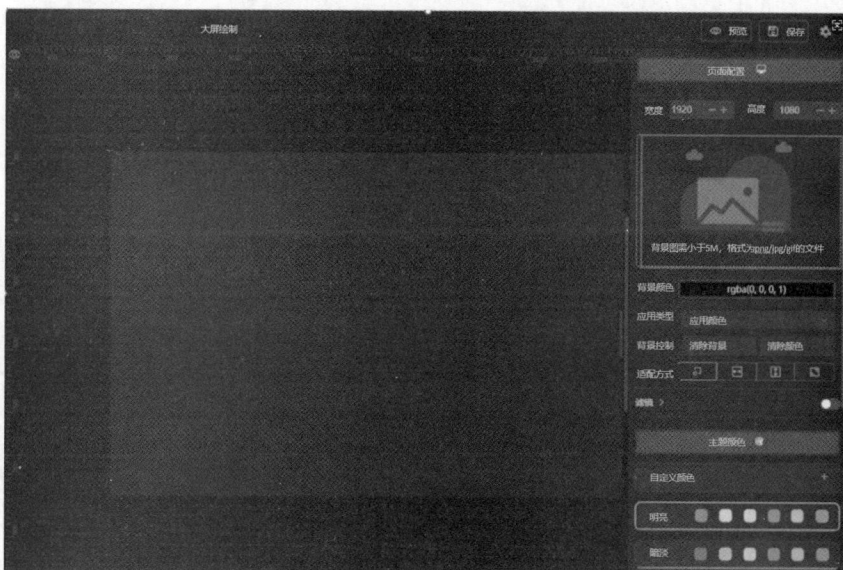

图 1-10　画布设置界面

单击图 1-10 所示界面右侧矩形标识部分，选择合适的背景图片，如图 1-11 所示。背景图片设置效果如图 1-12 所示。

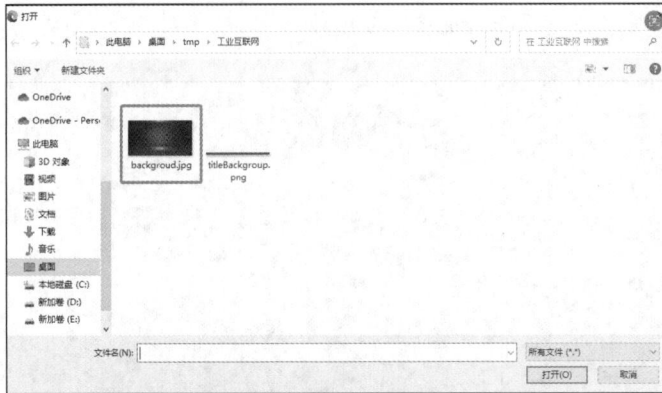

图 1-11　选择背景图片

图 1-12　背景图片设置效果

（3）组件管理

组件管理分为以下几步。

步骤 1：添加组件。在图标组件区选择组件，并将其拖入画布区，如图 1-13 所示。

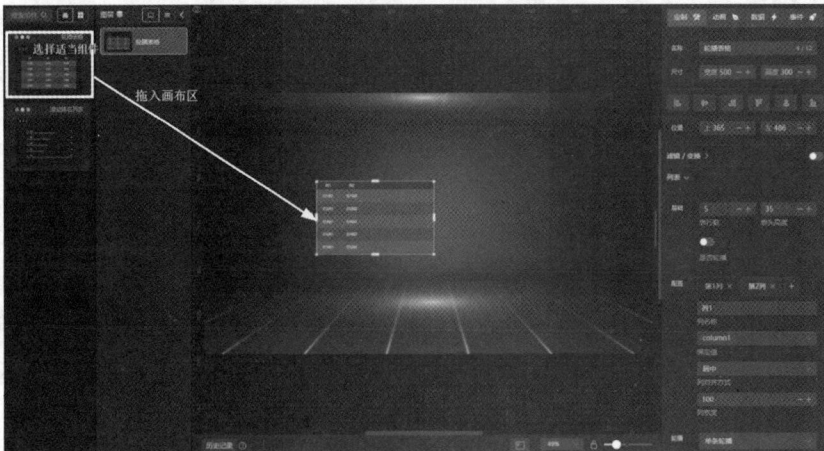

图 1-13　添加组件

步骤 2：定制组件。在图 1-13 所示界面的"定制"页设置组件的基本参数，其中包含名称、尺寸、位置等，如图 1-14 所示。此外，组件定制还包括比如文本组件的内容、图标组件的横轴/纵轴与数据绑定、不同组件颜色透明度等格式化设置。

图 1-14　设置组件基本参数

步骤 3：获取组件数据。有的组件需要获取数据，数据有静态数据（即不改变的数据）和动态数据（通过接口从后端拉取的数据）两种。仅对 DC-WEB 而言，数据的获取是简单的，它的主要工作是在后端将数据从数据库中调出并进行处理。换言之，只要接口完善，这部分工作也没有太大难度。我们在图 1-3 所示界面的"数据"页设置组件数据的请求方式，两种数据的设置如图 1-15 和图 1-16 所示。

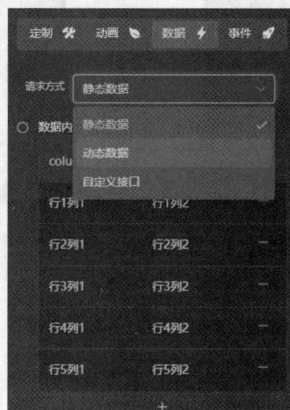

图 1-15　设置静态数据

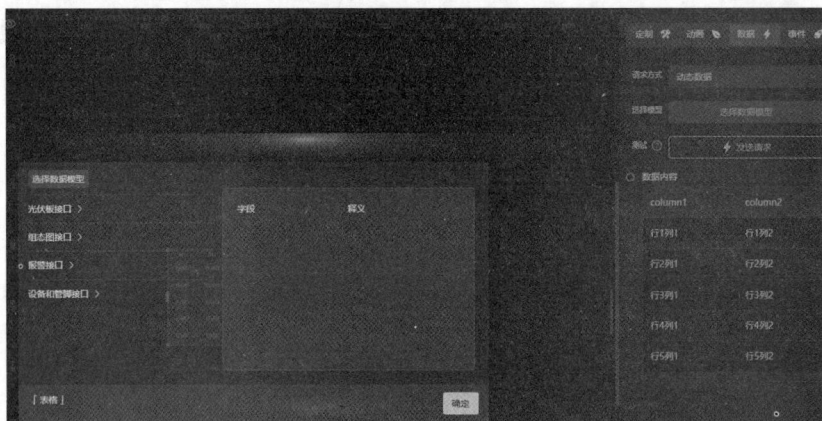

图 1-16　设置动态数据

步骤 4：编辑组件事件。在图 1-13 所示界面右侧的"事件"页设置组件事件。组件事件是组件与组件之间的交互功能，实现组件之间的联动。常见事件包括但不限于数据联动，在数据初始化或操作特定数据时，将数据与组件进行联动，改变组件显示的内容。

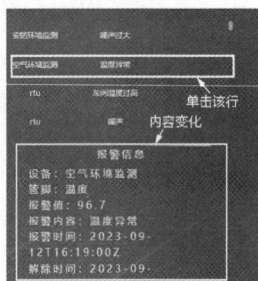

图 1-17　报警案例效果

在图 1-17 所示案例中，单击报警信息表格中的任意设置行，对应的信息将联动到左下方的"报警信息"处。

组件的事件配置如图 1-18 和图 1-19 所示。

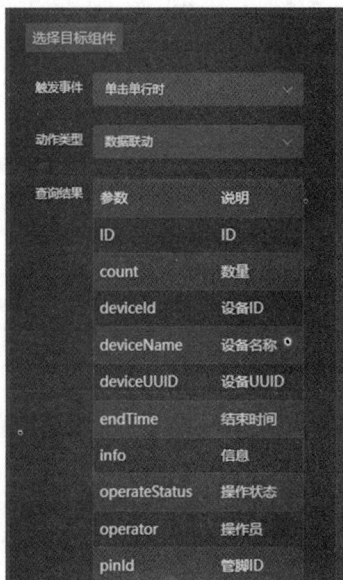

图 1-18　组件的事件配置（上）

图 1-19　组件的事件配置（下）

图 1-20 所示界面为图 1-6 所示界面的局部。在此界面上单击左上部分组态名称，可以改变对应组态的信息，具体操作和效果如图 1-20 所示。组态图的事件配置如图 1-21 所示。

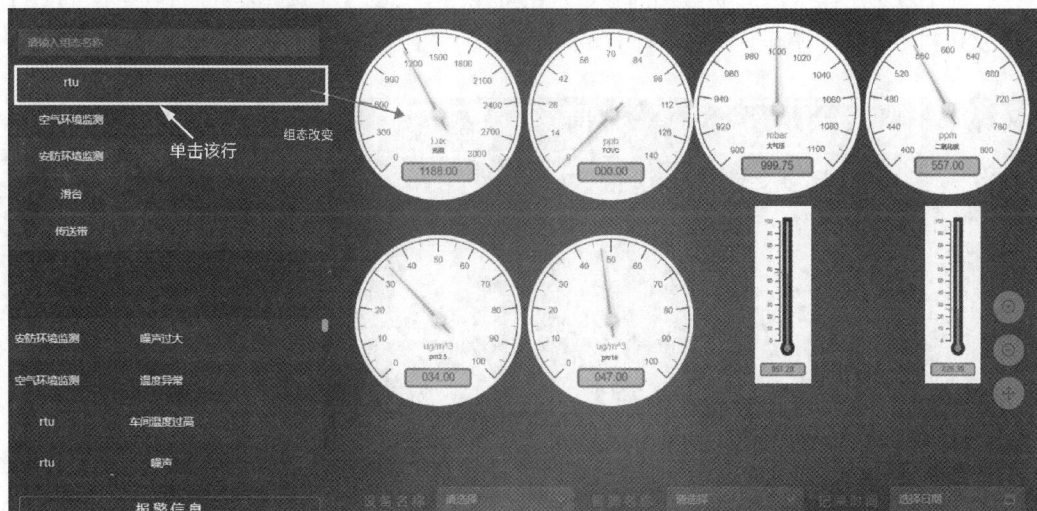

图 1-20　组态改变效果

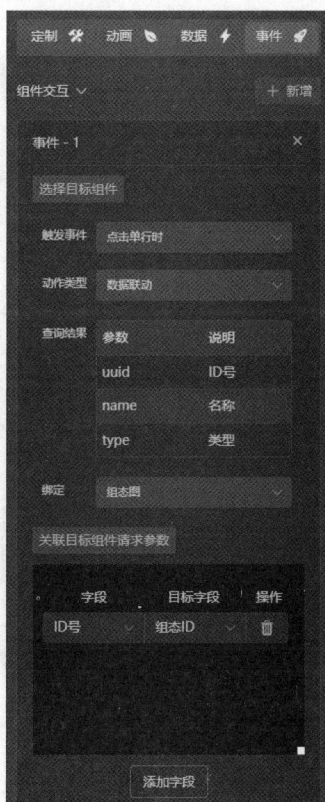

图 1-21　组态图的事件配置

（4）参数注入

选择器中可以设置参数。设置完成后相应参数会传送至组件相应的参数入口，从而改变组件的数据。

在图 1-22 所示案例中，折线图的参数是由折线图上方的 3 个选择器共同确定的，这 3 个选择器可以获取不同管脚、不同时间、不同设备的统计信息。

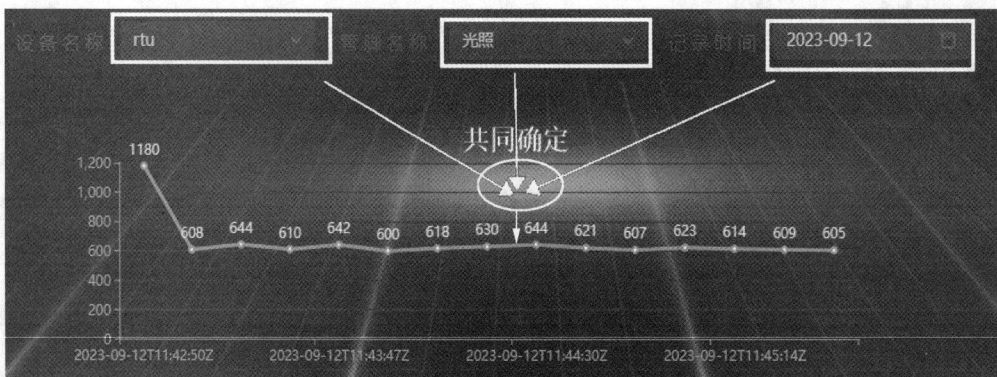

图 1-22　选择器效果案例

下面以设备选择器为例，展示其事件配置参数，如图 1-23 所示。

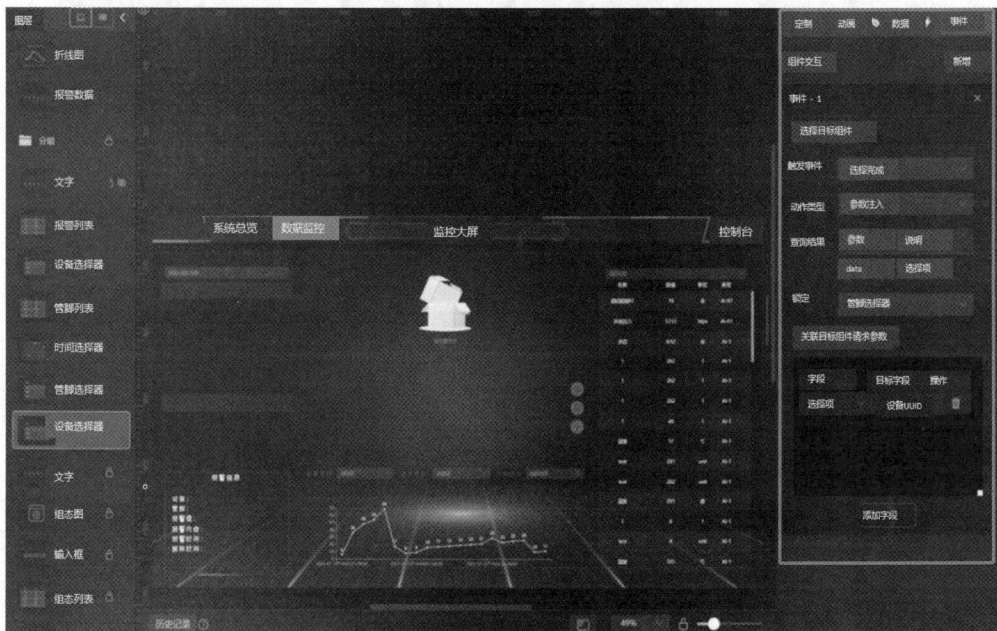

图 1-23　设备选择器的事件配置

我们在文本输入框中输入关键字，可以搜索特定组态。在图 1-24 所示案例中，界面左上方有一个文本输入框，可以输入（部分）组态名称搜索特定的组态。

图 1-24　搜索组态

之后在图 1-25 所示界面中进行组态的事件配置。这里以输入框组态为例，展示事件配置。

图 1-25　事件配置之输入框

（5）图层控制区运用

图层控制区主要功能有以下 4 个。

第一个功能是调整图层顺序。DC-WEB 默认的图层显示顺序是：图层控制区列表中越靠近上面的图层在画布中的位置也越靠上，故我们需要调整图层在列表中的位置，以防止出现遮挡的状况。在图 1-26 所示界面中，两个控件分别对应数据监控的跳转链接文字与该按钮的背景，当前为正确排序。

图 1-26　图层正确显示效果

若将跳转链接文字组件放置在按钮组件下方，则显示的文字被遮挡，这是由图层顺序错误造成的，如图 1-27 所示。

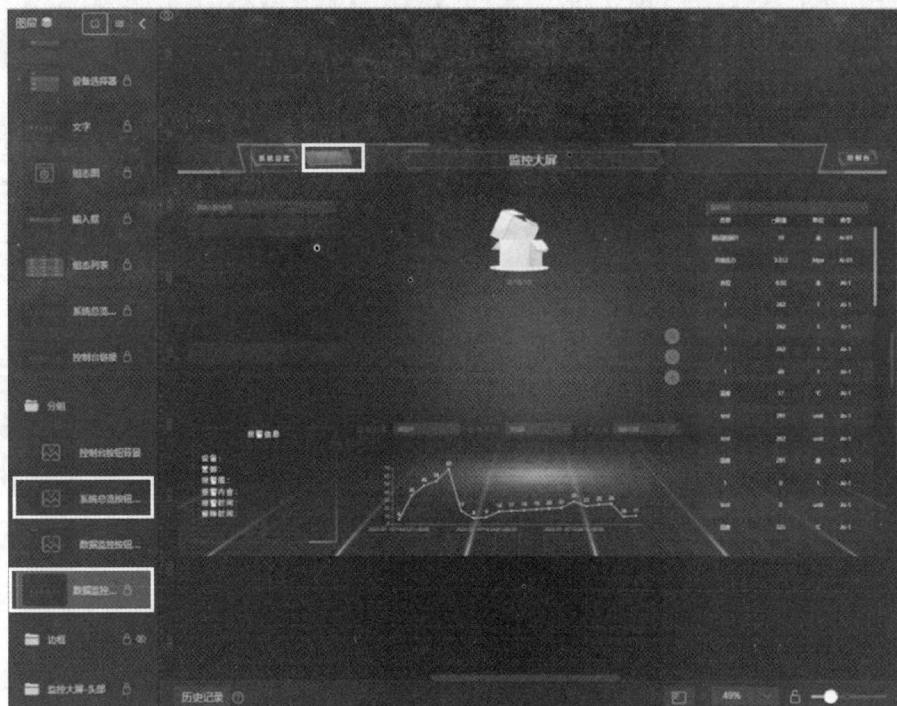

图 1-27　图层错误显示效果

第二个功能是对组件进行分组。我们在图层控制区可以对一些组件进行分组处理，以便管理。如图 1-28 所示，标题栏中 3 个按钮被分在同一组中，相当于构成了 1 个新的集合组件。当移动它时，3 个组件将一起被移动。

第三个功能是锁定组件。我们在图层控制区可以锁定已经配置好的组件，防止在配置其他组件时误触该组件，打乱其位置等配置。如图 1-29 所示，锁定标题栏中 3 个按钮形成的分组，此时无法对其进行移动。

第四个功能是隐藏组件。一些组件仅作为一个数据载体，向其他组件传递数据，其本身不需要显示，可以隐藏。图 1-30 展示了隐藏标题栏中 3 个按钮形成的分组。

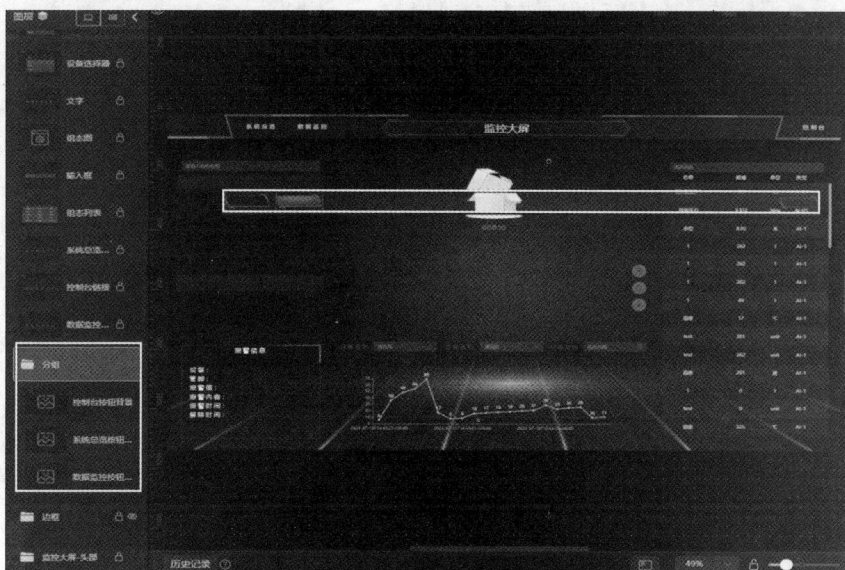

图 1-28　分组效果示意

图 1-29　锁定分组效果

完成上述操作之后，我们单击大屏名称进行修改，并单击右上角"保存"按钮，如图 1-31 所示。

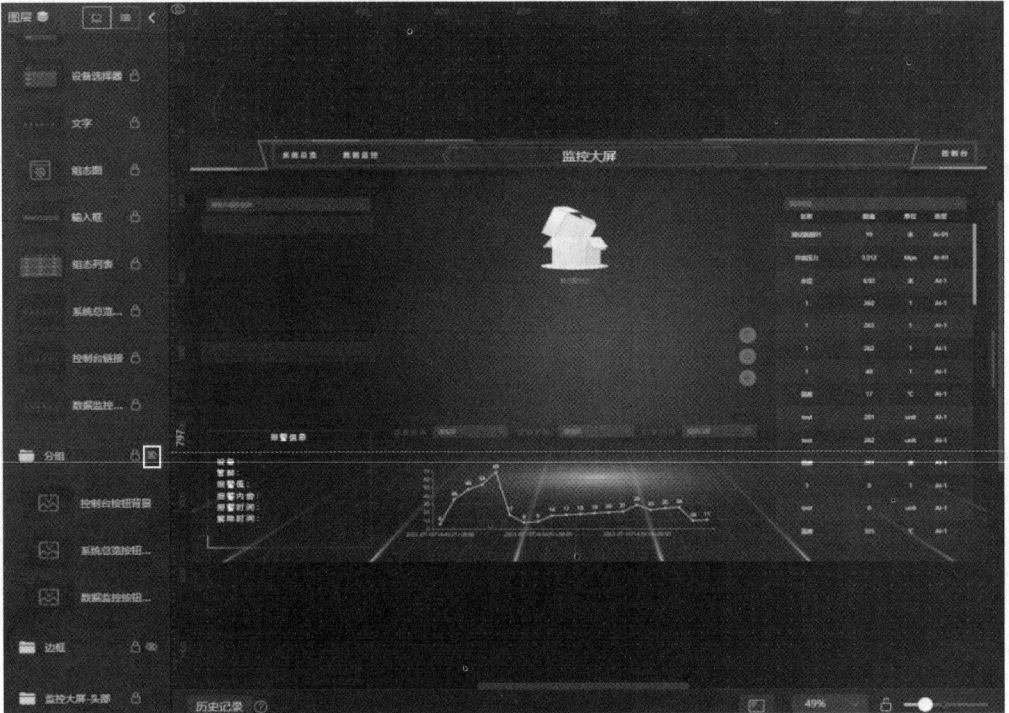

图 1-30　隐藏组件效果

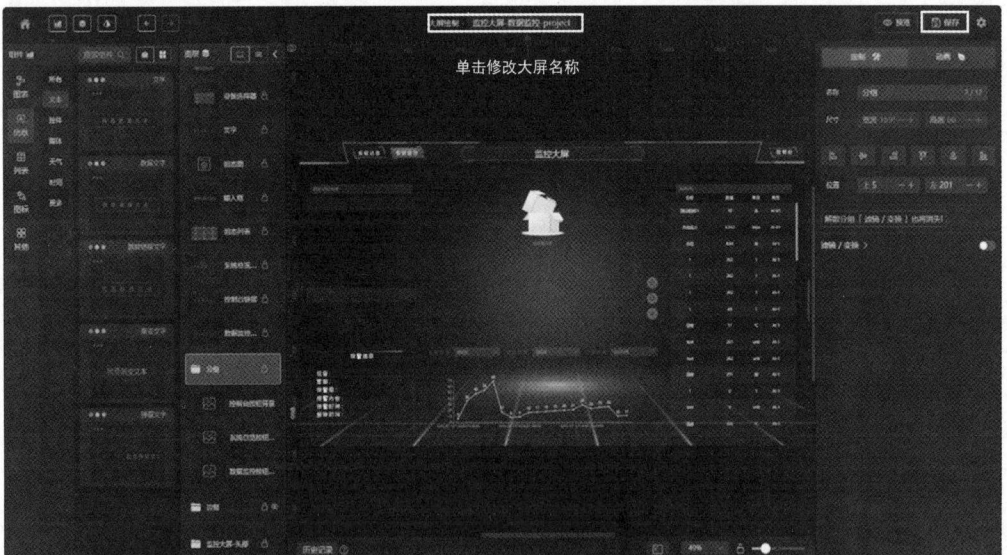

图 1-31　修改并保存大屏名称

保存完成后，单击预览查看大屏效果，如图 1-32 所示。

图 1-32　大屏预览效果

1.5　习题

一、选择题

1. 工业数据采集是利用泛在感知技术对多源设备、异构系统、运营环境、人等要素信息进行_____和云端汇聚。

A. 实时清洗 　　　　　　　　B. 实时分析

C. 实时计算 　　　　　　　　D. 实时高效采集

2. 工业数据采集对应工业互联网平台体系架构中的_____。

A. 平台层 　　　　　　　　　B. 边缘层

C. 网络层 　　　　　　　　　D. 应用层

3. 工业数据结合_____，可以实现生产装备和生产过程的智能化。

A. 人工智能、大数据等技术 　　B. 技术人员操作

C. 设备运行 　　　　　　　　D. 物联网技术

4. _____可以基于设备全生命周期的运行数据，提前预判设备关键部件的变化趋势、产品寿命和潜在风险，预测设备零部件的损坏时间，主动提前进行维护服务。

A. 设备资产管理 　　　　　　B. 设备状态监测

C. 设备故障判断 　　　　　　D. 预测性维护

5. 工业现场设备的数据采集不包含以下哪类设备？（　　　）

A. 对传感器、变送器、采集器等专用采集设备的数据采集

B. 对机器人、数控机床、AGV 等专用智能设备的数据采集

C. 对工厂外智能设备的数据采集

D. 对 PLC、RTU、嵌入式系统、IPC 等通用控制设备的数据采集

6. 工业通信协议主要是负责子网内_____间的通信。

A. 工业互联网平台   B. 个人计算机

C. 工业设备   D. 路由器

7. 在工业数据采集场景中，对于速度要求高、传输数据量大的需求并在工业现场能实现的情况下优先选择_____的联网方式。

A. Wi-Fi   B. 以太网

C. 4G   D. GPRS

8. 以下哪个协议不属于 TCP/IP 协议族？（   ）

A. Modbus-TCP   B. 西门子 S7

C. OPC Classic   D. Modbus-RTU

9. 没有控制单元的设备、控制器协议不开放的设备、不具备拓展功能的老旧设备一般采用_____的采集方式。

A. I/O 采集   B. 工业网关采集

C. 系统对接采集   D. 人工采集

项目二 工业现场设备

2.1 项目要求

1. 使用传感器设备采集数据。
2. 读取传感器数据并解析数据内容。

2.2 学习目标

1. 了解工业控制现场设备及其类型。
2. 了解常用的工业现场设备的作用。
3. 熟悉传感器与智能传感器的原理、功能和分类。
4. 熟悉工业标识与解析设备。

2.3 相关知识

2.3.1 工业控制现场设备概述

工业控制现场设备（简称工控现场设备）是指在工业自动化系统中，直接参与生产过程控制和监测的各种设备和装置。这些设备包括但不限于传感器、执行器、PLC、人机交互（human-machine interaction，HMI）接口等。

工业控制现场设备主要执行以下功能。

（1）数据采集：通过传感器和仪表获取现场的物理量，如温度、压力、流量等。

（2）信号处理：将采集到的信号进行处理、转换，以便进行后续的控制和监测操作。

（3）过程控制：基于预定的逻辑或算法，通过控制器让工业设备执行相关操作。

（4）通信和联网：通过工业网络设备、现场设备、控制系统以及其他设备实现数据交换和协同工作。

（5）人机交互：通过人机界面实现操作人员与系统的实时交互。

考虑工业互联网设备接入和数据采集的特点，工业现场设备可分为 3 类：专用采集设备、通用控制设备、专用智能设备。

1．专用采集设备

专用采集设备是指专门用于数据采集的设备。这类设备的主要功能是从工业现场获取各种物理或化学参数，将这些参数转换为可以处理的数字信号，并上传到工业互联网平台进行进一步分析和处理。

专用采集设备具有以下特点。

高精度：能够高精度地采集工业现场的各种数据，确保数据的可靠性和准确性。

专业性：专门针对某一类或几类参数进行采集，如温度、压力、流量、振动等。

实时性：具备实时数据采集和传输能力，满足工业互联网对数据的实时性要求。

数据接口多样化：通常支持多种数据接口（如 RS485、Modbus 等），以便与其他设备和系统集成。

典型的专用采集设备有以下几种。

传感器，如温度传感器、压力传感器、流量传感器、振动传感器、气体传感器等，可直接采集现场的物理量。图 2-1 展示了一些常见的传感器。

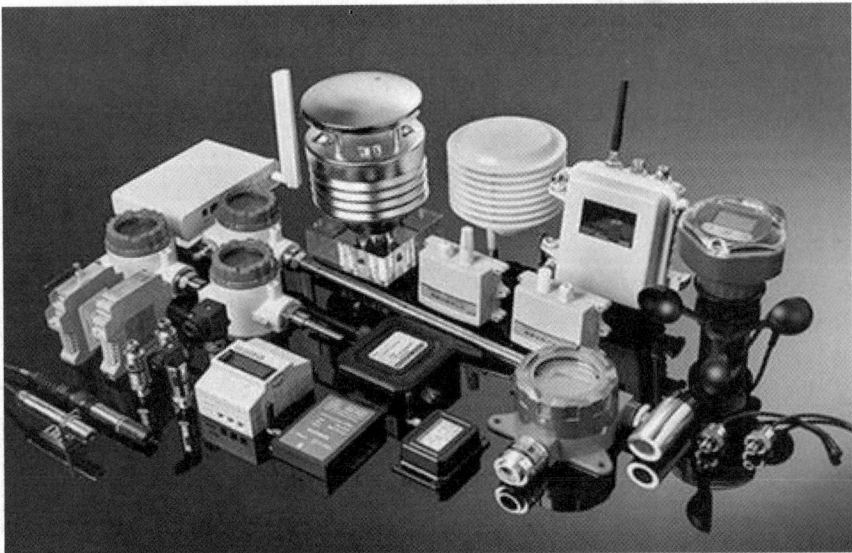

图 2-1　常见的传感器

数据采集模块，如采集卡、数据记录仪，主要用于将传感器获取的数据汇总并转换为数字信号，供上层系统使用。图 2-2 展示了物联网中采集数据的终端。

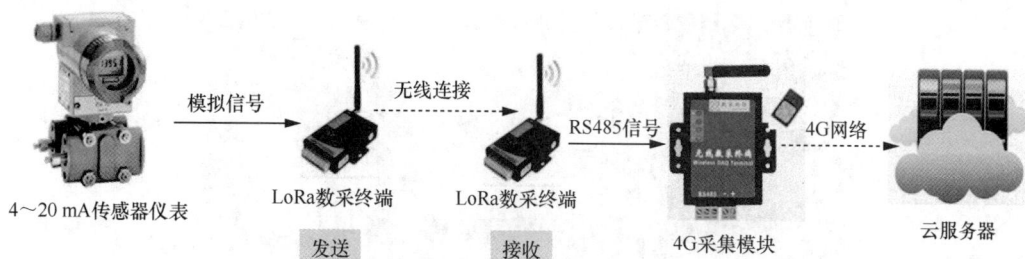

图 2-2　物联网中采集数据的终端

　　数据采集终端，是专门设计用于采集、处理和传输现场数据的设备，采集来自各种传感器的数据，并通过有线或无线网络将数据传输到云端或中央控制系统进行分析和监控。这种设备通常支持多种通信协议（如 Wi-Fi、LoRa、NB-IoT 等网络协议）和接口（如 RS485、Modbus），并且具备一定的数据处理能力，能够过滤、压缩或预处理数据。图 2-3 展示了手持数据采集器扫码场景。

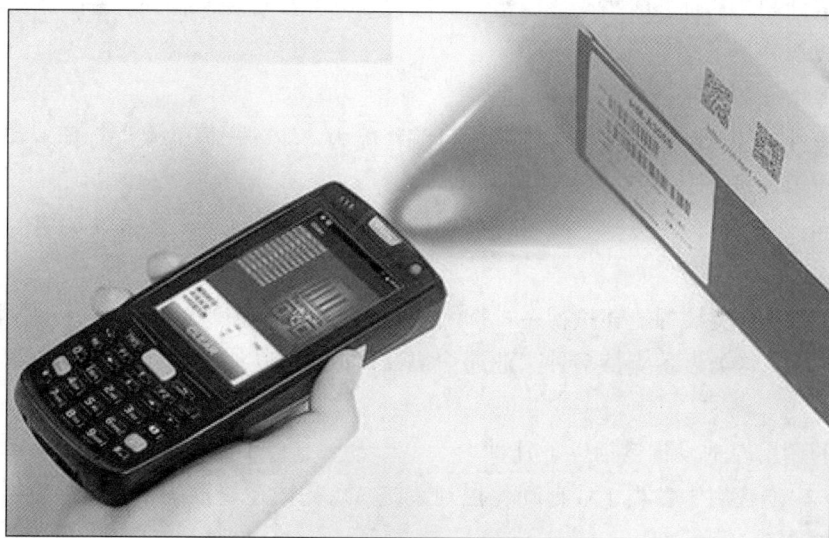

图 2-3　手持数据采集器扫码场景

　　智能电子设备（intelligent electronic device，IED），是具备自主决策和控制能力的高级设备，通常用于电力和自动化系统中，集成了测量、控制、保护和通信功能，能够实时监测和控制电力系统中的关键参数，并在检测到异常时自动采取措施，如断开电路或调整系统运行参数。这种设备广泛用于电力变电站、配电网络和工业自动化系统中，提供高效和可靠的电力管理和保护。

　　其他现场仪表，是指各种用于监测、显示和控制工业过程参数的仪表设备，包括压力表、流量计、液位计、温度计、记录仪等，用于直接在现场显示关键参数或进行简单的控制操作。这些仪表通常安装在工业现场的关键点上，用于操作员查看或直接调整生产过程中的参数，确保生产的稳定和安全。图 2-4 展示了常见的现场仪表。

图 2-4　现场仪表

2．通用控制设备

通用控制设备是指广泛应用于工业控制领域的设备，能够执行广泛的控制任务，具备较高的通用性和灵活性。这些设备通常负责接收数据并执行控制操作，是工业自动化系统的核心组成部分。

通用控制设备的特点包括以下几种。

可编程性：这类设备通常具有较强的可编程能力，能够根据需求进行配置和编程，适应不同的应用场景。

可靠性：这类设备在设计上具备较高的可靠性和抗干扰能力，适合在恶劣的工业环境中运行。

多功能性：这类设备能够执行多种控制任务，包括逻辑控制、运动控制、过程控制等。

通信能力：这类设备支持多种工业通信协议，能够与其他设备和工业互联网平台无缝对接。

典型的通用控制设备包括以下几种。

PLC：广泛应用于各类工业自动化控制系统，可完成逻辑控制、定时、计数等任务。PLC 设备如图 2-5 所示。

图 2-5　PLC 设备

DCS：主要用于大型工业过程控制，具有分布式结构，适合复杂的生产环境。

RTU：一种针对长距离通信和恶劣工业现场环境而设计的具有模块化结构的计算机测控单元。RTU 设备如图 2-6 所示。

图 2-6　RTU 设备

IPC：用于需要强大处理能力的控制任务，如嵌入式控制、数据处理等。IPC 设备如图 2-7 所示。

图 2-7　IPC 设备

3. 专用智能设备

专用智能设备是指具备一定智能化功能，能够自主执行复杂任务的设备。这类设备通常内置了人工智能、机器学习、边缘计算等技术，能够自主分析数据、做出决策并执行相应操作。

专用智能设备具有以下几种特点。

（1）智能化：具备自学习、自适应和自诊断能力，能够根据环境变化或历史数据优化操作。

（2）集成性：将感知、控制和执行功能集成于一体，形成高度集成的智能设备。

（3）联网能力：具有强大的联网和通信能力，能够与其他智能设备及工业互联网平台协同工作。

（4）自动化：能够实现自动化操作，减少人工干预，提高生产效率。

典型的专用智能设备包括以下几种。

工业物联网设备：指通过物联网连接到工业系统的设备，能够进行数据采集、处理和传输，并与其他设备或系统进行交互。这些设备采集来自工厂和生产设施的实时数据，并将其发送到云端或边缘计算平台进行分析和决策。工业物联网设备通常具备感知、控制、监测和通信功能，帮助工厂实现智能化和自动化。工业物联网设备如图 2-8 所示。

图 2-8　工业物联网设备

工业通信网关：一种连接不同类型网络的设备，用于在不同系统之间传递数据。网关能够将来自不同设备或网络的多种数据格式转换为一种格式，并将数据传输到中央控制系统、云平台或其他设备。它在物联网和工业自动化系统中起到关键的桥梁作用，确保不同设备和系统之间的流畅通信。工业通信网关设备如图 2-9 所示。

图 2-9　工业通信网关设备

工业机器人：一种能够半自主或全自主工作的智能机器，具有感知、决策、执行等基本特征，可以辅助甚至替代人类完成危险、繁重、复杂的工作，提高工作效率与工作成果质量，服务人类生活，扩大或延伸人的活动范围。工业机器人如图 2-10 所示。

图 2-10 工业机器人

数控机床：数字控制机床的简称，是一种装有程序控制系统的自动化机床。它的控制系统能够处理具有控制编码或其他符号指令规定的程序，并将其译码用代码化数字表示，通过信息载体输入数控装置。数控机床如图 2-11 所示。

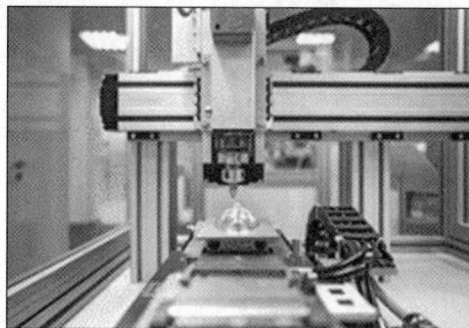

图 2-11 数控机床

2.3.2 传感器与智能传感器

1. 传感器的原理、功能与分类

传感器是一种将物理量（如温度、压力、光、声音等）转换为易于测量的电信号或其他形式信号的装置，能够感知某种物理现象并产生相应的响应。例如，热电偶传感器能够将两种不同金属的温差转化为电压信号，光电传感器通过光的强度变化引发电流变化。光电传感器工作原理如图 2-12 所示。

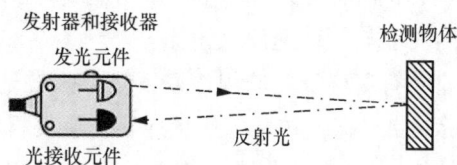

图 2-12 光电传感器工作原理

传感器可按以下标准进行分类。

（1）按物理量分类，传感器可分为位移传感器、力传感器、速度传感器、温度传感器、流量传感器等。

（2）按工作原理分类，传感器可分为电阻型传感器、电容型传感器、感应型传感器（如霍尔元件）、光电传感器等。

（3）按输出信号性质分类，传感器可分为开关型传感器、模拟型传感器、脉冲或代码的数字型传感器。

下面以振动传感器为例，深入解析传感器的原理与应用。

振动传感器是一种用于测量物体振动、冲击或加速度的设备，广泛应用于工业监控、设备维护及其结构健康监测等领域。振动传感器可以检测机器或结构物的振动特性，如振动的频率、幅度、加速度等，帮助人们识别潜在问题并进行预防性维护。振动传感器如图2-13所示。

图 2-13 振动传感器

振动传感器的工作原理是将物体的机械振动转换为电信号。根据检测方式和输出信号的不同，常见的振动传感器包括以下几种。

（1）压电式振动传感器：利用压电材料（如石英、钛酸钡等）在受力时产生电荷的特性，将振动产生的力转换为电信号。压电式振动传感器具有较高的灵敏度和较大的频率响应范围，适用于测量高频振动。

（2）电容式振动传感器：基于电容变化原理，两个电极之间的距离因振动而变化，从而引起电容变化。这种变化通过电路转换为电信号。电容式振动传感器通常用于低频振动的测量。

（3）加速度计：一种常见的振动传感器，通常基于压电效应或微电子机械系统（micro-electromechanical system，MEMS），能够测量物体在不同方向上的加速度，从而间接获得振动信息。其中的MEMS加速度计因其小型化、集成度高的特点而广泛应用于消费电子、汽车、航空等领域。

（4）速度传感器：这种传感器直接测量物体的振动速度。它通常通过线圈和磁铁的相对运动来产生电压，电压的大小与振动速度成正比。

振动传感器在多个行业中有着广泛的应用，以下是一些常见的应用场景。

- 设备状态监测与故障诊断：振动传感器广泛应用于旋转机械（如电动机、泵、风机、压缩机等）的状态监测。通过持续监测设备的振动情况，人们可以早发现异常振动，提前解决设备异常，避免设备突然停机造成损失。
- 结构健康监测：在桥梁、大坝等大型建筑物结构中，振动传感器用于监测结构的动态行为，评估结构的健康状态。它们可以检测由疲劳、腐蚀或其他损伤引起的微小振动变化，从而及时采取维护措施。

- 地震监测：振动传感器也是地震监测系统的重要组成部分。地震发生时，振动传感器可以捕捉到地面的振动波形，帮助分析地震的强度、震源和传播路径。
- 消费电子与汽车工业：在智能手机、游戏控制器、汽车安全系统（如防抱死制动系统和空气悬挂系统）中，振动传感器用于检测倾斜、冲击、跌落等动态变化。
- 工业过程控制：在一些工业过程中，振动传感器用于监测振动幅度，可以确保生产过程的稳定和安全。例如，在磨削、铣削、钻孔等机械加工过程中，传感器用于监测刀具和工件的振动情况，以优化工艺参数。

随着科技的进步，振动传感器技术也在不断发展，主要趋势包括以下几种。

- 小型化与集成化：MEMS 的发展使得振动传感器可以做到非常小的尺寸，适用于更广泛的应用场景，如可穿戴设备、物联网传感器等。
- 无线化与智能化：无线振动传感器消除了传统传感器的布线难题，特别适用于难以布线的环境。此外，结合人工智能和大数据技术，振动传感器还能够在边缘计算设备或云端平台上进行智能数据分析，提高预测和诊断的准确性。
- 多功能：如今的振动传感器往往会集成多种功能，如对温度、压力、湿度等的测量，提供更全面的监测能力。

在选择振动传感器时，需要考虑如下多个因素。

- 测量范围：确保振动传感器的量程适合具体应用的振动幅度。
- 频率响应：不同类型的振动传感器对频率的响应不同，需根据测量对象选择合适的频率响应范围。
- 灵敏度：传感器的灵敏度应与具体应用的测量精度要求相匹配。
- 环境适应性：振动传感器要适合工作环境，如高温、高湿、强磁场等。

振动传感器作为工业监控和设备维护的重要工具，正发挥着越来越关键的作用，其应用范围随着技术进步和工业需求的变化而不断扩展。

2. 模数/数模数据转换原理与实现

传感器的模拟（analog，A）/数字（digital，D）和数字/模拟（D/A）数据转换是一个将模拟信号与数字信号相互转换的过程，在现代电子系统中非常常见，尤其是在传感器应用中。

（1）A/D 转换

A/D 转换是一个将传感器输出的模拟信号（通常是电压或电流信号）转换为数字信号（通常是二进制数字）的过程，如图 2-14 所示。这个过程通常分为以下几个步骤。

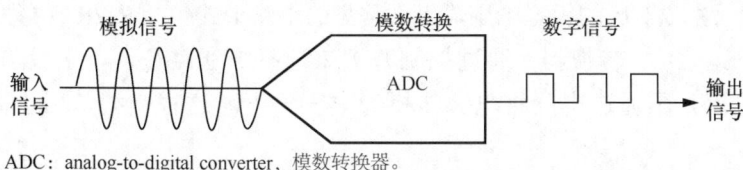

ADC：analog-to-digital converter，模数转换器。

图 2-14　A/D 转换

① 采样：将连续的模拟信号在时间上进行离散化处理，得到一系列离散的采样点。

② 量化：将每个采样点的模拟值（通常是电压）分为离散的量化级别，每个级别对应一个数值。

③ 编码：将量化后的数值编码为二进制数。

A/D 转换器的主要类型包括以下几种。

① 逐次逼近寄存器（successive approximation register，SAR）型 A/D 转换器：通过比较输入电压与 DAC 生成的参考电压，逐步确定输入信号的数字表示。它是一种快速且高效的 A/D 转换器，广泛用于中等速度和高精度应用中。

② 闪速型 A/D 转换器：一种快速的 A/D 转换器，使用一组比较器同时比较输入电压和所有可能的量化级别。虽然速度快，但它的电路复杂且成本高，通常用于高速采样应用中，如视频信号处理。

③ Σ-Δ A/D 转换器：通过将输入信号过采样并使用噪声整形技术来提高信噪比，适合高精度、低速应用，如音频处理和高精度测量设备。

实现 A/D 转换的要求如下。

① 信号采样：采样频率（奈奎斯特频率）必须至少是输入信号带宽的 2 倍，以避免出现混叠效应。

② 保持电路：将采样后的模拟信号保持一段时间，确保量化过程的准确性。

③ 量化与编码：将模拟信号映射到最接近的量化电平，并将该电平的值编码为数字输出。

（2）D/A 转换

D/A 转换是将数字信号转换为模拟信号的过程，如图 2-15 所示。在传感器或控制系统中，经常需要将数字控制信号转换为模拟信号以驱动设备或执行模拟操作。

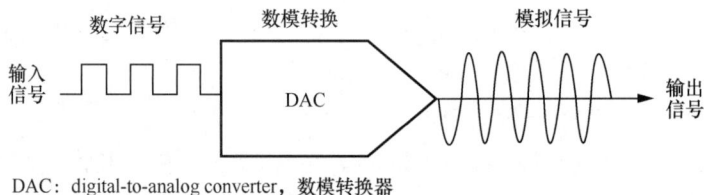

DAC：digital-to-analog converter，数模转换器

图 2-15　D/A 转换

D/A 转换器的主要类型包括以下几种。

① 电阻分压器型 D/A 转换器：这种类型的 D/A 转换器使用精密电阻网络，根据输入的二进制代码生成对应的模拟电压输出。常见的电路形式包括 R-2R 梯形网络。

② 电流舵型 D/A 转换器：通过控制开关来选择导通路径，以生成与输入数字信号成比例的电流，再通过电阻将电流转换为电压输出。这种类型常用于高速 D/A 转换器。

③ Σ-Δ D/A 转换器：与 Σ-Δ A/D 转换器相似，Σ-Δ D/A 转换器通过对数字信号进行调制，

然后通过低通滤波器得到平滑的模拟信号,适用于音频和高精度信号输出。

实现 D/A 转换的步骤如下。

① 输入数字信号:接收数字输入信号,这个信号通常是二进制编码的数值。

② 电路转换:通过电阻网络或电流源阵列,将数字信号转换为相应的模拟信号。

③ 滤波:通常使用低通滤波器来平滑 D/A 转换产生的阶梯状输出,得到连续的模拟信号。

3. 传感器参数

对传感器进行选型和评价时考虑的关键性能参数如下。

① 量程:传感器能测量的物理量的范围。

② 灵敏度:输出变化量与输入变化量的比值。

③ 线性度:输出与输入之间的线性程度,反映非线性误差。

④ 迟滞:正、反向行程输出曲线的不重合程度。

⑤ 重复性:多次重复测量同一输入量时输出值的一致性。

⑥ 精度:系统误差和随机误差的综合反映。

⑦ 分辨率:传感器能探测到的输入量变化的最小值。

⑧ 零点漂移:输入量为 0 时输出量的变化。

⑨ 带宽:反映传感器动态特性的指标,决定传感器能跟踪输入信号变化的速度。

图 2-16 所示为某加速度传感器参数。

动态特性		物理特性	
测量范围(峰值)	±50 g(可定制)	结构形式	剪切
灵敏度(25 ℃)	100 mV/g(160 Hz)	壳体材料	304不锈钢
振幅非线性	±1%	输出方式	5/8–24 二芯插座
频率响应(±10%)	0.5~9000 Hz	安装方式	1/4–28
频率响应(±3 dB)	0.2~12000 Hz	压电材料	PZT–5
横向灵敏度比	≤5%	防护等级	IP65
		质量	80 g
电气性能		环境特性	
激励电压	18~28 V DC(恒流源)	工作温度	–40~+120 ℃
恒流源激励	2~20 mA	冲击极限(峰值)	±2000 g
输出阻抗	<100 Ω		
量程输出(峰值)	±5 V		
噪声	<50 μV		
偏置电压	+10~+12 V		
安装对地绝缘	≥10^8 Ω		

图 2-16 某加速度传感器参数

图 2-17 所示为某光照温湿度传感器参数。

直流供电（默认）		10～30 V DC （0～10 V型产品只能采用直流24 V供电）
最大功耗	电流输出	1.2 W
	电压输出	1.2 W
精度	光照强度	±7%（25 ℃）
光照强度量程		0～20万lux可选（默认0～65535 lux）
工作环境		−40～60 ℃，0～80%RH
长期稳定性	光照强度	≤5%/y
响应时间	光照强度	≤2 s
输出信号	电流输出	4～20 mA
	电压输出	0～5 V/0～10 V
负载能力	电压输出	输出电阻≤250 Ω
	电流输出	输出电阻≤600 Ω

图 2-17　某光照温湿度传感器参数

图 2-18 所示为某位移传感器参数。

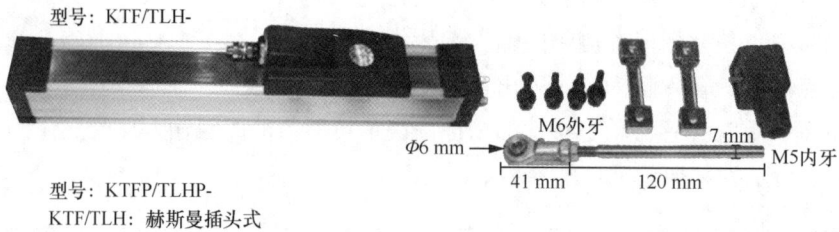

型号：KTF/TLH-

型号：KTFP/TLHP-
KTF/TLH：赫斯曼插头式

KTF/TLH 滑块系列	75～110 mm	125～175 mm	200～500 mm	600～1000 mm	1150～2000 mm	2000 mm 以上	量程选型 参考/mm
线性精度 （±%FS）	±0.1%	±0.1%	±0.05%			±0.04%	75　100　110
电阻公差 （±10%）	5.0 kΩ			10.0 kΩ	20.0 kΩ	20.0 kΩ	125　130　150
机械行程	行程+7 mm						175　200　225
							250　275　300
解析度/ 分辨率	无断解析						325　350　360
重复性 精度	0.01 mm						375　400　425
							450　475　500
最大 工作速度	5 m/s						550　600　650
							700　750　800
滑刷正常 工作电流	≤10 μA						850　900　950
							1000　1150
使用 温度范围	−60～150 ℃						1250　1350
							1450　1500
输出类型	0～100%给定输入工作电压（随位移变化而变化）						1600　1800
灵敏度	1						2000　2250
温漂	无限小						2500　2800
尺寸	见本图						3000　4500　5000

图 2-18　某位移传感器参数

4．智能传感器

智能传感器是一类集成了感知、处理、通信功能的传感器。相较于传统传感器，它能够自主处理采集到的数据，并通过网络与其他设备或系统进行通信。智能传感器在物联网、工业自动化、智能家居、医疗设备等多个领域有着广泛的应用。图 2-19 所示为一款智能传感器。

图 2-19　智能传感器

智能传感器通常由以下几个部分组成。

传感元件：这是传感器的核心部分，用于检测物理量（如温度、湿度、压力、加速度、光照等），并将其转换为电信号。

信号调理电路：对感知元件输出的原始信号进行放大、滤波、噪声抑制等处理，以便信号更加稳定，易于后续处理。

A/D 转换器：将模拟信号转换为数字信号，便于数据处理和传输。

微处理器：这是智能传感器中的处理单元，负责处理感知到的数据、执行内置算法（如数据滤波、校准、补偿、分析等），并做出相应的决策或控制。

通信接口：用于与外部系统或设备（如微控制器、计算机、网络）通信，常见的通信方式包括 I2C、SPI、UART、Wi-Fi、蓝牙、ZigBee 等。

电源管理模块：管理智能传感器的能耗。尤其在无线传感器网络中，电源管理对延长设备使用寿命至关重要。

智能传感器具备多种功能，主要包括以下几种。

数据处理：内置的微处理器可以对传感数据进行实时处理，如信号滤波、校准、误差补偿和简单的分析计算，这减少了对外部处理器的依赖，提高了响应速度和数据的精度。

自校准与自诊断：智能传感器可以在使用过程中进行自校准，以确保测量精度。同时，智能传感器可以进行自我诊断，检测自身是否出现故障或异常。

多传感器融合：智能传感器能够集成多个传感器模块，采集多种物理量，通过数据融合算法提供更丰富的环境信息。例如，智能手机中的惯性测量单元（inertial measurement unit，IMU）传感器将加速度计、陀螺仪和磁力计结合在一起。

低功耗与能效管理：许多智能传感器设计为低功耗设备，特别适合电池供电或能量采集系统。它们可以通过休眠模式、数据压缩等方式降低功耗。

远程监控与控制：通过内置的通信接口，智能传感器可以与远程系统进行数据传输，实现远程监控、配置和升级。

随着技术的进步，智能传感器正朝着以下方向发展。

微型化与集成化：尺寸越来越小，并且集成更多的功能模块，如通信模块。

人工智能与边缘计算：在传感器中融入人工智能算法，可以在传感器端实现数据的智能分析和决策，减少数据传输量，降低响应时延。

物联网与互操作性：智能传感器逐渐成为物联网的核心组件，要求具备更强的互操作性和标准化，以便在不同设备和平台之间实现无缝连接和协同工作。

低功耗与能量采集：为了延长设备的使用寿命，智能传感器采用低功耗设计，并引入能量采集技术，如太阳能、振动能量捕获等。

网络安全与隐私保护：随着智能传感器在关键领域的应用，传感器数据的安全性和隐私保护成为重要问题，需要引入加密、认证和数据保护技术。

智能传感器作为新一代感知技术的代表，正在推动各种应用领域向着更加智能化和自动化的方向发展。随着技术的不断进步，智能传感器将继续在各行各业中发挥越来越重要的作用。

2.3.3　工业标识与解析设备

工业标识与解析设备是工业物联网中的关键组件，用于对生产过程中涉及的物品、设备和数据进行唯一标识和解析。它们在生产管理、供应链追踪、产品溯源等方面起到重要作用。

工业标识设备主要用于在产品、设备或零部件上生成和打印唯一的标识符，如条码、二维码、RFID 标签等。常见的工业标识设备包括以下几种。

条码打印机：用于打印条码或二维码。条码通常包含产品信息、生产批次、序列号等关键数据，广泛用于包装、仓储、物流和生产线上的产品标识。

激光打标机：利用激光在物体表面雕刻或标记永久性标识符。标记内容包括文字、数字、条码、二维码、图形等，用于电子产品、汽车零部件、医疗设备等需要高精度标识的行业。

RFID 写码器：用于写入和编码 RFID 标签。RFID 标签可以通过无线电波进行识别和追踪，具有不需要接触和可远距离读取的优点，适用于供应链管理、物流跟踪、资产管理等需要快速识别的场景。

常用工业标识设备如图 2-20 所示。

工业解析设备负责读取和解析由工业标识设备生成的标识符，以便在工业系统中进行数据交互和信息追踪。常见的工业解析设备包括以下几种。

图 2-20　常用工业标识设备

条码扫描器：读取条码或二维码中的信息，并将其转化为数字信号传输给计算机或控制系统，广泛用于生产线、仓库管理、物流分拣等领域，可以方便快速获取产品信息。条码、二维码扫描器如图 2-21 所示。

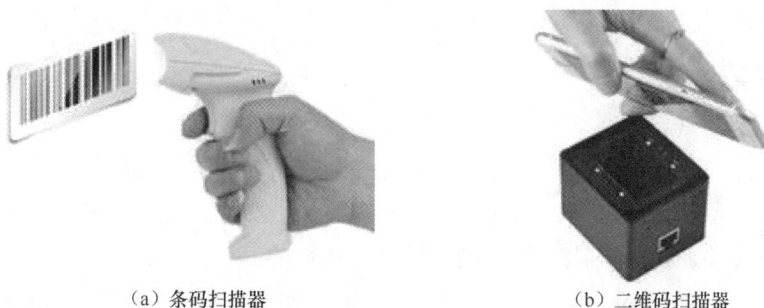

（a）条码扫描器　　　　　　　　　　　　（b）二维码扫描器

图 2-21　条码、二维码扫描器

RFID 读写器：读取 RFID 标签中的数据，还具备写入功能。RFID 读写器能够在一定距离内批量读取标签数据，不需要直接接触，适用于仓储管理、物流追踪、资产管理、生产线管理等场景。图 2-22 所示为使用 RFID 读写器读取现场设备标签的场景。

图 2-22　RFID 读写器读取现场设备标签

视觉识别系统：使用摄像头和图像处理算法来读取并解析物体上的标识符（如二维码、

物体特征等），识别物体的形状、颜色、尺寸等信息。视觉识别系统在生产线自动化检测、产品质量控制和机器人引导等领域得到广泛应用。

工业标识与解析设备通过为产品、零部件、设备等赋予唯一的标识符，并通过解析设备进行读取和信息处理，形成了从生产到流通、使用和回收的闭环管理系统。这些设备在工业4.0和物联网时代尤为关键，能够帮助企业实现信息化、自动化和智能化管理。

2.4 实验过程

本实验为传感器模拟实验，通过实验提高读者对传感器设备的解析与使用能力。实验过程包括使用串口模拟连接传感器、读取传感器数据，并通过Modbus解析和分析传感器采集数据。

2.4.1 传感器协议

Modbus目前存在多种版本，这些版本用于串口、以太网及采用其他协议的网络。大多数Modbus设备通信通过串口EIA-485在物理层进行数据传输，本实验所用的传感器都是使用Modbus并通过EIA-485进行物理层数据传输的。

对于串行连接，Modbus存在两个协议变种，即Modbus RTU和Modbus ASCII，它们在数值数据表示和协议细节上略有不同。Modbus RTU采用一种紧凑的、用二进制表示数据的方式，Modbus ASCII采用一种人类可读的、冗长的表示方式。这两个变种都使用串行通信方式。Modbus RTU的命令/数据带有循环冗余校验的校验和，而Modbus ASCII采用纵向冗余校验的校验和。配置了Modbus RTU的节点不会和设置为Modbus ASCII的节点通信，反之亦然。

对于通过TCP/IP（如以太网）的连接，Modbus存在多个Modbus/TCP变种，这些方表示方式不需要计算校验和。

上述协议在数据模型和功能调用上都是相同的，只是在封装方式上不同。传感器数据采集部分主要使用Modbus RTU。

RTU传输模式：当设备使用RTU模式在Modbus串行链路通信时，报文中包含2个4位十六进制字符，共计8位。每个报文必须以连续的字符流传送。

Modbus报文RTU帧：由发送设备将Modbus报文构造为带有已知起始标记的帧，这让设备可以在报文的起始标记接收新帧，并且知道报文何时结束。不完整的报文必须能够被检测到，而错误标志必须作为结果被设置。例如，读取可燃气体传感器数据，使用的传感器设置波特率为9600，校验码采用CRC-16算法，数据格式为HEX，那么问询帧结构如表2-1所示。应答帧结构如表2-2所示。以读到可燃气体浓度值为0.2%为例，可燃气体值为：$(0x000x02)_{16} = 2$，即可推导出可燃气体（浓度）值= 0.2%。

表 2-1 问询帧结构

地址码	功能码	起始地址	数据长度	校验码低位	校验码高位
0x01	0x03	0x000x06	0x000x01	0x64	0x0B

表 2-2 应答帧结构

地址码	功能码	返回有效字节数	可燃气体值	校验码低位	校验码高位
0x01	0x03	0x02	0x000x02	0x39	0x85

EIA-485 隶属于 OSI 参考模型物理层，是一种电气特性规定为 2 线、半双工、平衡传输线多点通信的标准。实现此标准的数字通信网可以在有电子噪声的环境下进行长距离高效的通信。在线性多点总线的配置下，一个网络上可以有多个接收器，因此 EIA-485 适用于工业环境中。

EIA-485 只规范了信号发生器及接收器的电气特性，只建议了物理层，没有指定或建议任何通信协议。采用 EIA-485 的网络的通信协议是由其他标准来定义的。

缆线两端的电压差用于表示传递信号，不同的电压差分别标识为逻辑 1 与逻辑 0。两端的电压差在 0.2 V 以上时有效，且任何不大于 12 V 或者不小于−7 V 的差值在接收端都被认为是正确的。

推荐在点对点网络中使用 EIA-485，但不能在星形网络和环形网络中使用。如果必须要使用星形网络，则可以配合特殊的 EIA-485 中继器，这样可以实现在多个网络中双向地监听数据，并且将数据发送到其他的网络上。

EIA-485 设备有 A、B、+、−这 4 根线，其中，+、−这两根线用于供电，A、B 这两根线用于传输差分信号。A 线与 B 线之间的电压差表示逻辑电平。

多个传感器设备通过总线连接到同一个读取设备时，我们需要通过地址码来区分各个设备地址。使用表 2-3 所示通信帧结构，可以将源地址码为 0x01 的设备地址码修改为 0x000x08，需要将各个传感器的地址码修改为不同。理论上一个 EIA-485 总线可以连接 254 个设备，但实际应用中一般将设备控制在 32 个以下。

表 2-3 通信帧结构

源地址码	功能码	起始地址	修改后的地址码	校验码低位	校验码高位
0x01	0x06	0x010x00	0x000x08	0x89	0xF0

2.4.2 传感器连接及读取

传感器的连接有两种方法，一种是采用串口转 USB 接口芯片，将传感器连接到计算机上；另一种是通过 RTU 的无线串口功能连接传感器。

下面使用第二种方法配置 RTU，具体步骤如下。

步骤 1：将支持 Modbus RTU 的传感器连接至计算机，详细过程见本书配套资源，这里不再赘述。

步骤 2：设备连接成功界面如图 2-23 所示。这里引入了 LoRaWAN Modbus RTU 网关设备 WRC826，它的主要功能是将支持 Modbus RTU 的传感器数据通过无线通信技术传输至云平台或其他远程监控系统。之后，开始配置连接 Wi-Fi，详细过程见本书配套资源，这里不再赘述。

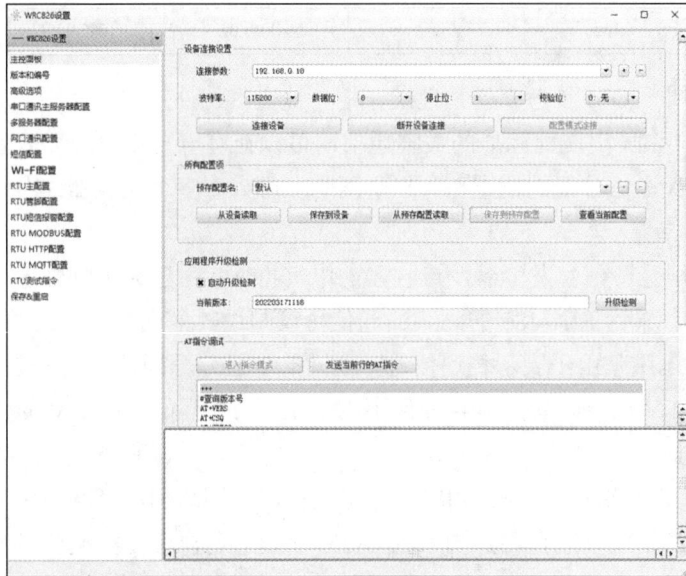

图 2-23 设备连接成功界面

步骤 3：配置无线串口。串口通信主服务器配置如图 2-24 所示。

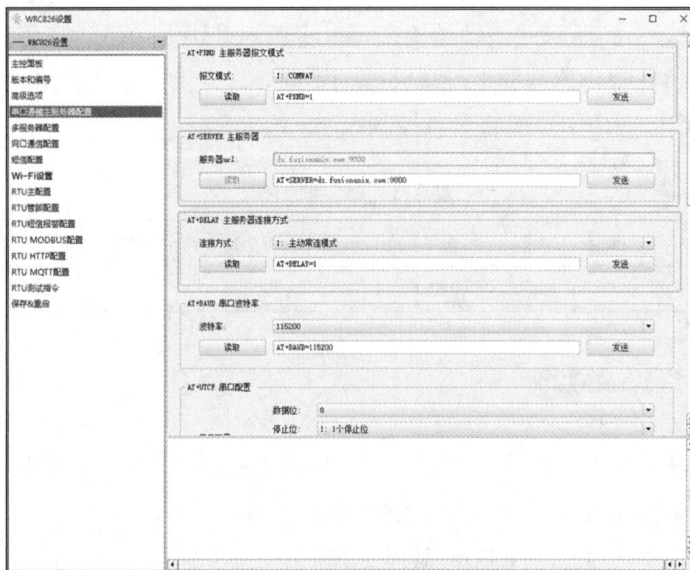

图 2-24 串口通信主服务器配置

RTU 主配置如图 2-25 所示。

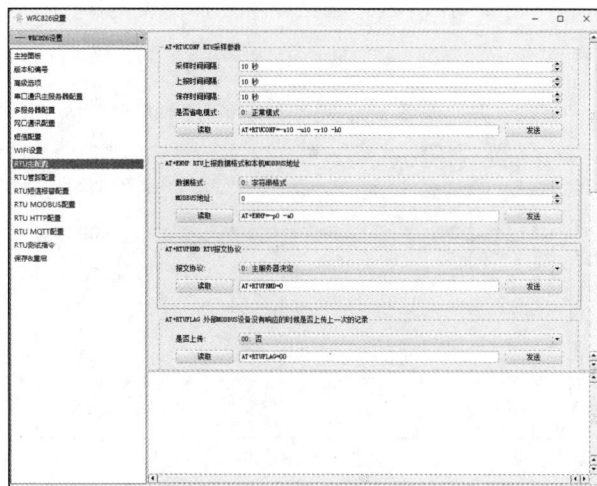

图 2-25 RTU 主配置

打开 ComWay wlSerial 进行登录，如图 2-26 所示。ComWay wlSerial 是一款无线串口软件，主要用于实现远端串口设备和用户计算机之间的无线通信。如果没有账户，读者自行创建一个，创建过程这里不再赘述。

图 2-26 登录无线串口服务器

在空白处单击鼠标右键，在 ComWay 无线串口服务器界面添加 DTU-DTU 映射，如图 2-27 所示。

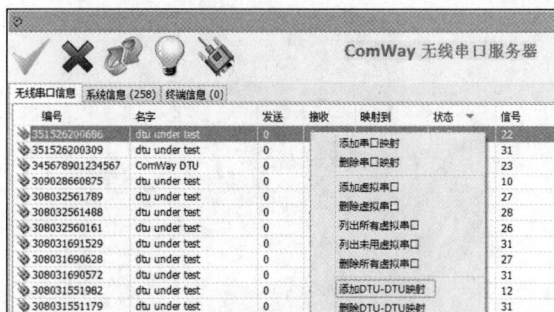

图 2-27 添加 DTU-DTU 映射

输入 DTU 侧面贴的标签上的编号，并为它起一个名字，之后在界面空白处单击鼠标右键，添加虚拟串口，如图 2-28 所示。这里读者可以随便选择一个串口，此处本书选择的串口是 COM10。

图 2-28　添加虚拟串口

在之前创建的设备上单击鼠标右键，选择"添加串口映射"选项，将添加已有虚拟串口，如图 2-29 所示。至此，无线串口配置完毕。

图 2-29　添加串口映射

步骤 4：连接传感器。传感器接线如图 2-30 所示，黄色线（③）为传感器电源正极，黑色线（①②）为负极，接到 12～24 V 的电源适配器上，RTU 的 vext2 和 gnd 口之间的电压等于接到 RTU 上的电源电压，所以此处直接将传感器供电线接到 RTU 上，黄色线与蓝色线（④）的端口分别为 EIA-485 的 A、B 口，将它们分别接到 RTU 上的 485+和 485−。

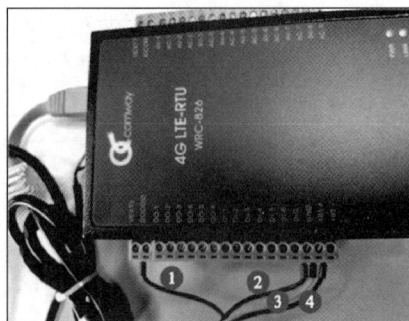

图 2-30　传感器接线

此时打开串口调试工具，连接到之前设置的虚拟串口，将波特率设置为 115200 后单击连接，接收和发送设置都设为 HEX，在图 2-31 所示界面的下方窗口输入要发送的通信帧（具体通信帧参考传感器通信帧）。发送后等待几秒，传感器会返回测量的数据并将其显示图 2-31 所示界面上方窗口中。通过发送通信帧这种方式，我们可以给每个传感器配置不同的 Modbus 地址。

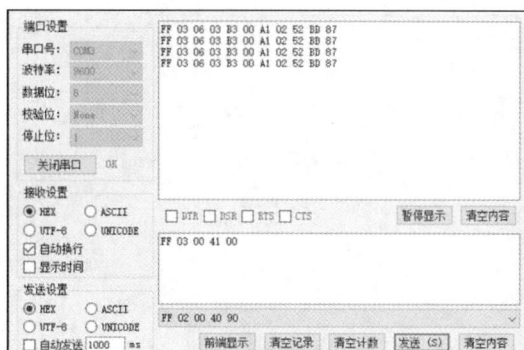

图 2-31　传感器通信数据

给所有传感器都配置不同的 Modbus 地址后，我们可以对传感器进行手拉手连接，如图 2-32 所示。我们将末端的 A、B 线接到 RTU 或者串口转 USB 的 A、B 口上，即可同时连接多个传感器，并通过不同的 Modbus 地址向不同的传感器问询数据。

图 2-32　传感器手拉手连接

2.5 习题

1. 请列举你了解的常用工业控制现场设备及其作用。
2. 请列举常见的传感器设备并说明其作用。
3. 请简要介绍工业标识与解析技术。

项目三 工业数据

3.1 项目要求

1. 学习和了解工业领域典型的应用场景。
2. 学习和熟悉工业数据的分类。

3.2 学习目标

1. 掌握工业数据的分类和概念。
2. 能够按照常用的分类方法对工业数据进行分类。
3. 理解工业现场设备数据互通的意义。

3.3 相关知识

3.3.1 工业数据的概念和分类

1. 工业数据的概念

工业数据是工业领域产品和服务在全生命周期产生和应用的数据，广义上包括但不限于工业企业在研发设计、生产制造、经营管理、运维服务等环节中生成和使用的数据，以及工业互联网平台企业（以下简称平台企业）在设备接入、平台运行、工业应用等过程中生成和使用的数据。

本书中使用狭义概念上的工业数据，即在工业生产活动中，由工业现场设备所产生的设备状况、工艺参数等工业生产数据。

2．工业数据的分类

（1）按数据来源分类

按数据来源不同，工业数据的分类如表 3-1 所示。

表 3-1　工业数据分类——按数据来源

类别	系统类型	典型系统	数据结构	数据特点	实时性
管理系统	设计资料	产品模型、图纸文档	半结构/非结构化	类型各异、更新不频繁，是企业核心数据	批量导入
	价值链管理	供应链、客户关系	半结构/非结构化	没有严格的时效性要求，需要定期同步	批量导入
	资源管理	ERP/OA、MES、产品生命周期管理系统、环境管理系统、仓库管理系统、能源管理系统	结构化	没有严格的时效性要求，需要定期同步	批量导入
生产系统	工业控制系统	DCS、PLC	结构化	需要实时监控，实时反馈控制	实时采集
	生产监控数据	SCADA	结构化	包含实时数据和历史数据	实时采集、批量导入
	各类传感器	外挂式传感器、条码、射频识别	结构化	单条数据量小，并发度大，结合物联网网关	实时采集
	其他外部装置	视频摄像头	非结构化	数据量大、低时延，要求网络带宽和时延	实时采集
外部数据	外部数据	相关行业、法规、市场、竞品、环境数据	非结构化	数据相对静止，变化较小，定期更新	批量导入

（2）按数据重要性分类

参考工业和信息化部办公厅在 2020 年 2 月 27 日印发的《工业数据分类分级指南（试行）》（以下简称《指南》），根据不同类别工业数据遭篡改、破坏、泄露或非法利用后，可能对工业生产、经济效益等带来的潜在影响，将工业数据分为一级、二级、三级等 3 个级别。

潜在影响符合下列条件之一的数据为三级数据：

① 易引发特别重大生产安全事故或突发环境事件，或造成直接经济损失特别巨大；

② 对国民经济、行业发展、公众利益、社会秩序乃至国家安全造成严重影响。

潜在影响符合下列条件之一的数据为二级数据：

① 易引发较大或重大生产安全事故或突发环境事件，给企业造成较大负面影响，或直接经济损失较大；

② 引发的级联效应明显，影响范围涉及多个行业、区域或者行业内的多个企业，或影响持续时间长，或可导致大量供应商、客户资源被非法获取或大量个人信息泄露；

③ 恢复工业数据或消除负面影响所需付出的代价较大。

潜在影响符合下列条件之一的数据为一级数据：

① 对工业控制系统及设备、工业互联网平台等的正常生产运行影响较小；

② 给企业造成负面影响较小，或直接经济损失较小；

③ 受影响的用户和企业数量较少、生产生活区域范围较小、持续时间较短；

④ 恢复工业数据或消除负面影响所需付出的代价较小。

（3）按数据输出形式分类

根据数据输出形式不同，工业数据大致分为 4 类：开关量、模拟量、数字量、脉冲量。

开关量可以是通断信号、无源信号，电阻测试法测得的电阻为 0 或无穷大；也可以是有源信号，其专业名称是阶跃信号，取值为 0 或 1。开关量可以理解成脉冲量，多个开关量可以组成数字量。

模拟量是指一些连续变化的物理量，如电压、电流、压力、速度、流量等。模拟信号是幅度随时间连续变化的信号。通常电压信号为 0～10 V、电流信号为 4～20 mA，就可以用 PLC 的模拟量模块进行数据采集。模拟量种类一般有电压型（0～10 V）和电流型（4～20 mA）两种。相比于电压型模拟量，电流型模拟量更稳定，抗干扰能力更强。

数字量在时间和数值上都是断续变化的离散信号。我们通常所说的数字量由 0 和 1 组成，是经过编码后的有规律的信号。

脉冲量是在瞬间电压或电流由某一值跃变到另一值的信号。在量化后，脉冲量如果连续规律地变化，它就是数字量。如果脉冲量由 0 变成某一固定值并保持不变，那么它就是开关量。

3.3.2　工业现场设备数据互通的意义

工业领域的典型应用场景如图 3-1 所示，可分为五大类、20 余种小类。

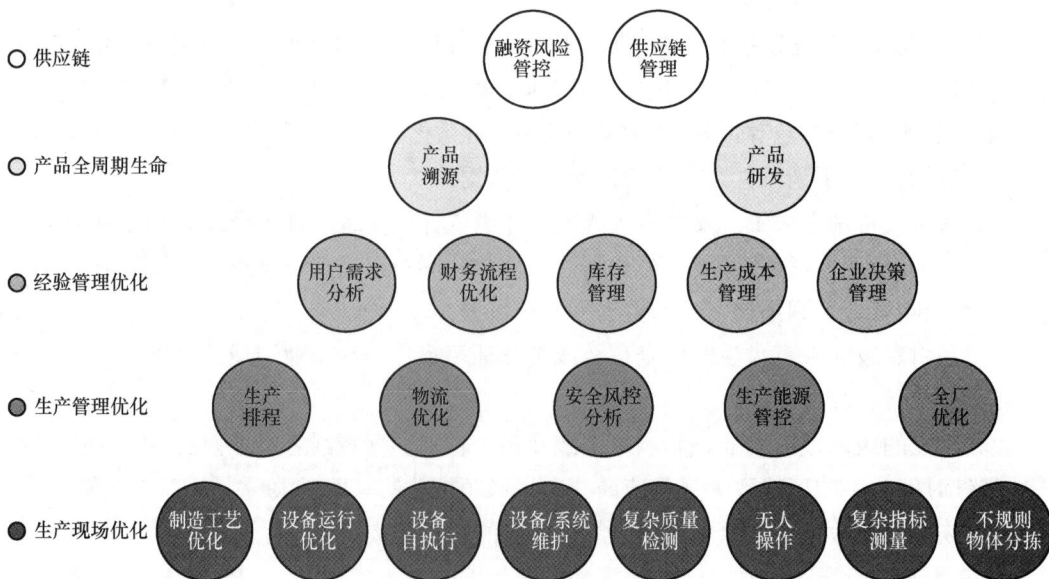

图 3-1　工业领域的典型应用场景

常见的与数据采集需求相关的应用场景包含以下几种。

① 直接连接设备或部署传感器，实现环境信息、设备信息的收集和检测。

② 直接连接或通过 PLC 设备，实现各种设备的操控。

③ 连接 RFID 设备或其他硬件，实现工业产品、工艺步骤的辨识。

④ 分析监测信息，实现工业制造业中的产品质量检测、设备故障诊断等。

2020 年，工业和信息化部发布了《工业和信息化部关于工业大数据发展的指导意见》，指出要加快数据汇聚，其中包括以下两方面。① 推动工业数据全面采集。支持工业企业实施设备数字化改造，升级各类信息系统，推动研发、生产、经营、运维等全流程的数据采集。支持重点企业研制工业数控系统，引导工业设备企业开放数据接口，实现数据全面采集。② 加快工业设备互联互通。持续推进工业互联网建设，实现工业设备的全连接。加快推动工业通信协议兼容统一，打破技术壁垒，形成完整贯通的数据链。

数据联网过程中一般会面临以下问题。

① 设备多而杂：设备的种类多、组网协议多、工业协议多、接口多。而想要解决这些问题，不仅需要找到好的网关，还需要专业的工业互联网数据采集工程师，因为一个项目、一个平台会涉及不同的设备、不同的协议和接口。

② 数据安全性：工业数据的安全也是必须要考虑的问题。为了避免黑客攻击、病毒危害，保障平台系统的安全运行，我们在进行数据采集时，必须做好数据加密工作。

③ 成本问题：不同的企业进行数字化转型时，有的只需要开发个性化平台，有的需要工业网关采集设备数据，但是部分中小型企业的设备连采集数据的条件都没有，设备升级、调试的成本都非常高。

想要解决以上问题，实现工业设备互联互通，就要做到以下几点。第一，让工业设备自己"说话"，让我们获取每个环节的真实数据。真实数据是驱动工业互联网有效运行的基础，可使生产、管理效率得到提高。第二，可以减少从生产到销售再到使用的中间环节，借助信息化穿透，消除信息的不对称。让制造过程产生真实数据，通过网络进行连接，传递分享给所有业务链上的主体，有效打通信息壁垒，最终让信息在消费者和生产者之间直接传递。第三，要运用协议解析与转换、中间件等技术兼容 Modbus、CAN、PROFINET 等各类工业通信协议，实现数据格式转换和统一。第四，要利用 MQTT 等协议将采集到的数据传输到云端数据应用分析系统或数据汇聚平台。

3.4　实验过程

本实验将采用 DC-WEB 平台展示工业互联网中的工业数据处理过程，对采集的数据进行报警功能实验。实验步骤如下。

步骤 1：打开浏览器地址 http://media.******.com:8046/，在图 3-2 所示界面输入用户名和密码（用户名和密码需要向管理员申请），并单击"登录"按钮。

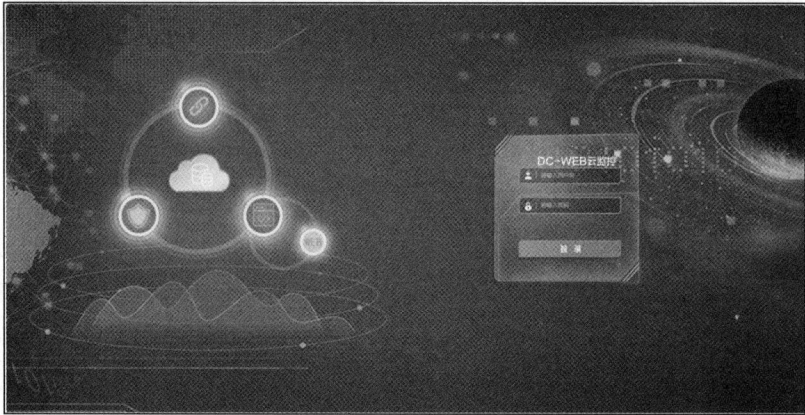

图 3-2　登录界面

登录之后进入首页界面，如图 3-3 所示。

图 3-3　DC-WEB 首页界面

步骤 2：找到"mqtt 消息发送模拟器.exe"程序，双击该程序后弹出图 3-4 所示界面，按图中所示内容输入参数。并单击"连接"按钮。

图 3-5 所示界面中包括 3 种数据：标准数据，是指随机的不报警数据；危险数据，是指会触发报警的数据；自定义数据，是指自己配置写入的数据。

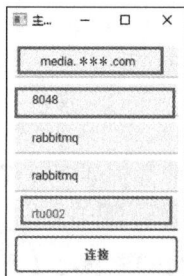

图 3-4　参数设置

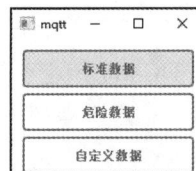

图 3-5　数据类型

步骤 3：单击图 3-5 中的"自定义数据"按钮，进入图 3-6 所示界面，修改部分数据后单击"SUBMIT"按钮进行提交。

图 3-6　自定义数据

步骤 4：在后台查看历史数据，如图 3-7 所示。

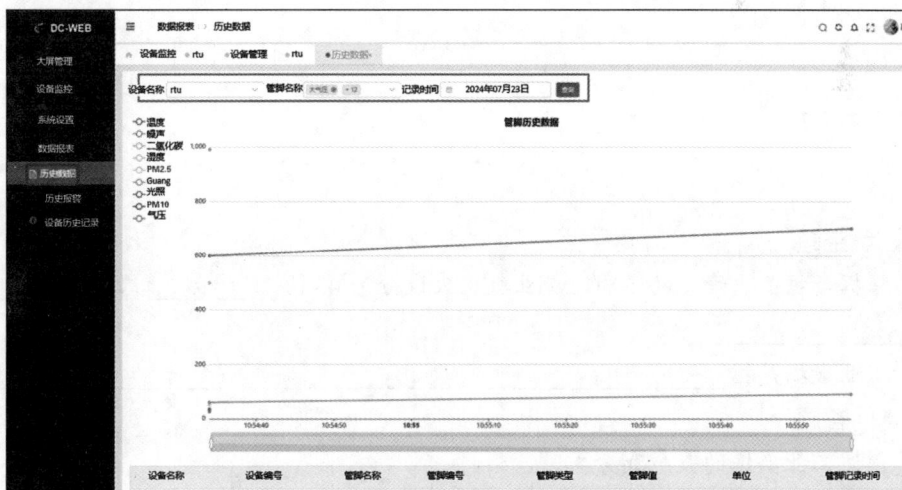

图 3-7　后台历史数据

步骤 5：单击图 3-5 所示界面的"危险数据"按钮后，系统会定时向 mqttserver 发送危险数据，如图 3-8 所示。可以看出，rtu002 的两台设备均发出报警提示，报警提示详情如图 3-9 所示。

图 3-8　发出报警提示

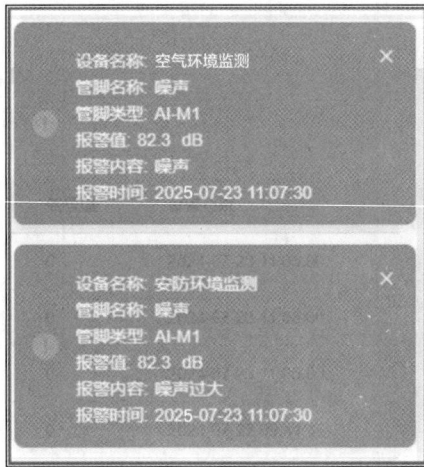

图 3-9　报警提示详情

3.5　习题

一、填空题

1. 根据数据输出形式的不同，工业数据大致分为 4 类：＿＿＿＿＿＿、＿＿＿＿＿＿、＿＿＿＿＿＿、＿＿＿＿＿＿。

2. 工业数据是指＿＿＿＿＿＿＿＿＿＿＿＿＿＿＿＿＿＿＿＿＿＿＿＿＿＿＿＿＿。

二、问答题

1. 简述工业数据的概念和分类。

2. 工业数据信号的输出形式有哪些？

项目四 工业智能网关

4.1 项目要求

1. 掌握工业智能网关连接至计算机等设备的方法。
2. 掌握工业互联网的配置方法。

4.2 学习目标

1. 熟悉工业智能网关的概念和组成部分。
2. 了解工业智能网关的主要功能。
3. 掌握工业智能网关的安装和配置方法。

4.3 相关知识

随着物联网技术的发展，作为工业物联网关键基础的工业智能网关也得到了更大规模的运用，将各行业设备终端进行互联互通，满足企业智能化、数字化、信息化生产运营和管理要求，为工业智能化发展提供了坚实的基础。

4.3.1 工业智能网关的概念、功能和组成

1. 工业智能网关的概念

工业智能网关（gateway）又称网络连接器、协议转换器。它的基本功能是进行不同通信协议间内容的翻译和转换，在使用不同的通信协议、数据格式或语言，甚至体系结构

完全不同的两种系统之间移动数据。它是一种常用在工业项目上的网络连接器，作为现场设备与系统平台之间连接的枢纽，起着承上启下的作用，对上配置云端平台，对下连接工业设备，实现信息的上传与下达。工业智能网关如图 4-1 所示。

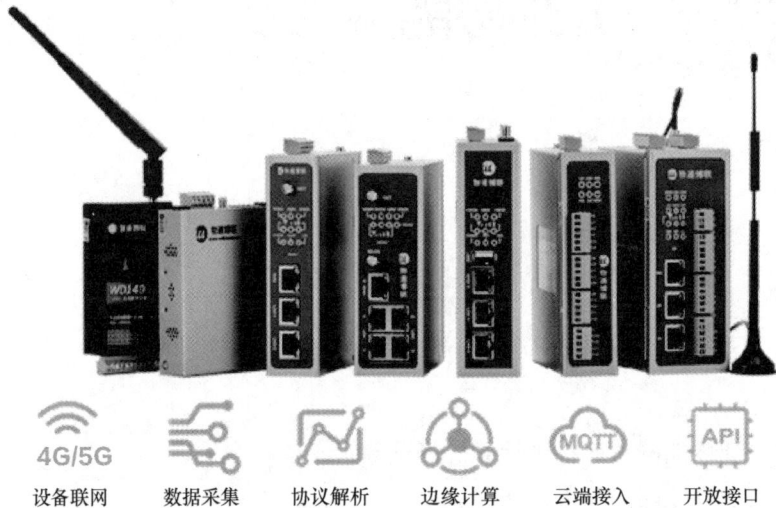

4G/5G				MQTT	API
设备联网	数据采集	协议解析	边缘计算	云端接入	开放接口

图 4-1　工业智能网关（1）

2．工业智能网关的功能

工业智能网关具有以下功能。

数据采集与传输。工业智能网关能够实时采集工业现场设备的数据，并将其传输到上层网络。这些数据包括设备的运行状态、生产数据、环境参数等，可为企业的生产管理和决策提供重要依据。

协议转换。由于工业现场设备使用的通信协议多种多样，因此上层网络通常采用标准的通信协议。工业智能网关能够实现不同协议之间的转换，使得不同设备能够相互通信。

边缘计算。工业智能网关具备边缘计算能力，可以在本地对采集到的数据进行处理和分析，减少对上层网络资源的依赖。这不仅能够提高数据的处理效率，还能够降低数据传输的时延。

系统集成与扩展。工业智能网关作为连接工业现场设备与上层管理系统的桥梁，可以与其他系统（如 MES、ERP、SCADA、云平台等）进行集成和扩展。通过开放的标准接口和协议，它可以轻松地将数据和信息与其他系统进行交互和共享，实现数据的整合和优化利用。

远程监控与控制。通过工业智能网关与上层系统或云平台，企业可以实现对工业现场设备的远程监控与控制，这使得企业能够实时了解设备的运行状态，及时发现并解决问题，提高生产的稳定性和效率。

安全性保障。工业智能网关具备强大的安全防护功能，能够防止外部攻击和数据泄露，通过数据加密、防火墙等安全技术，可保障企业数据的安全性和完整性。

3．工业智能网关的组成

（1）外部接口

工业智能网关包含多种外部接口，用于与外部设备连接。这些接口可以是以太网口、串口、USB 接口、无线通信接口等。通过这些接口，工业智能网关可以与不同类型的设备进行通信和数据交换。

（2）数据采集模块

工业智能网关的数据采集模块负责实时采集各种数据。该模块通常包括多个输入通道，用于连接传感器、测量仪器和执行器。同时，采集模块还包含数据转换和处理电路，用于将模拟信号转换为数字信号，并对数据进行处理和滤波。

（3）数据处理模块

工业智能网关的数据处理模块负责对采集到的数据进行处理和分析。该模块通常包括处理器、存储器和算法库等。处理器用于执行数据处理和分析的算法，存储器用于缓存和存储数据，算法库提供各种数据处理和分析算法的实现。

（4）数据传输模块

工业智能网关的数据传输模块负责将采集到的数据传输到上层计算平台或云端服务器。该模块通常配置了网络接口、通信协议和传输协议等。网络接口用于与网络连接，通信协议用于与上层计算平台或云端服务器进行通信，传输协议用于将数据进行分包和传输。

（5）安全性保障模块

工业智能网关的安全性保障模块负责保护设备和数据的安全。该模块通常包括加密芯片、身份验证模块和访问控制模块等。加密芯片用于对数据进行加密和解密，身份验证模块用于验证用户身份，访问控制模块用于限制对设备和数据的访问。

（6）系统集成模块

工业智能网关的系统集成模块负责与其他工业自动化系统进行集成。该模块通常包括协议转换器、接口适配器和数据格式转换器等。通过这些模块，工业智能网关可以实现不同系统之间的数据互通和协同工作。

4.3.2 工业智能网关的优势

随着工业 4.0 和物联网技术的迅猛发展，工业智能网关作为一种连接工业设备与网络的节点，其重要性日益凸显。工业智能网关不仅具备传统网关的数据传输和协议转换功能，更融合了智能化、边缘计算等先进技术，为工业领域带来了诸多优势。

1．实时数据采集与处理

工业智能网关具备强大的数据采集能力，能够实时收集来自各种工业设备的数据，如传感器数据、生产线状态等。这些数据通过网关进行预处理后，可以大大减轻后端服务器的处理压力，提高整体系统的响应速度。同时，实时数据采集也使得生产过程更加透明化，有利于企业实现精细化管理。

2．多协议转换与兼容

在工业环境中，不同企业、不同型号的设备往往采用不同的通信协议。工业智能网关支持多种协议的转换与兼容，可以将不同设备的数据统一转换成标准格式，实现设备的互联互通，这极大地简化了系统集成的过程，降低了企业的维护成本。具备上述功能的工业智能网关如图 4-2 所示。

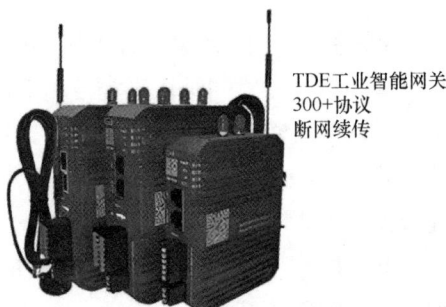

TDE工业智能网关
300+协议
断网续传

图 4-2　工业智能网关（2）

3．边缘计算与智能决策

工业智能网关集成了边缘计算技术，可以在数据产生的地方进行实时分析和处理。通过内置的智能算法，工业智能网关可以对数据进行初步的分析和判断，从而快速响应生产过程中的异常情况。此外，边缘计算技术还可以降低数据传输的时延，提高整个系统的实时性。

4．远程监控与维护

通过工业智能网关，企业可以实现对工业设备的远程监控和维护。无论是设备的运行状态、生产数据，还是故障信息，都可以通过网关实时传输到远程监控中心，这使得企业能够及时发现和处理问题，提高生产效率和设备可用性。同时，远程维护也降低了企业的运营成本，减少了现场维护人员的数量。

5．安全性与可靠性

工业智能网关在设计和生产过程中充分考虑了安全性和可靠性的需求。它采用了一系列安全措施，如数据加密、访问控制等，确保数据的传输和存储安全。此外，网关还具备故障自恢复、冗余备份等功能，确保在恶劣的工业环境下能够稳定运行。

6．灵活扩展与定制化

工业智能网关支持灵活的扩展和定制化。企业可以根据自身需求选择不同功能的模块，如数据采集模块、边缘计算模块、安全模块等。同时，网关还支持软件升级和固件更新，以适应不断变化的市场需求和技术发展。

7．优化能源管理与降低能耗

工业智能网关还可以帮助企业实现能源的优化管理和降低能耗。通过实时采集设备的能耗数据，工业智能网关可以分析出设备的能耗趋势和节能潜力，为企业提供节能方案和建议。此外，工业智能网关还可以与其他能源管理系统进行集成，实现能源的统一管理和调度。

工业智能网关以其诸多优势，在工业领域发挥着越来越重要的作用。随着技术的不断进步和应用场景的不断拓展，工业智能网关的未来将更加广阔。

4.3.3　工业智能网关的主要类型

工业智能网关可以按照功能、是否模块化、采集对象进行分类。

按功能不同，工业智能网关可以分为透明传输型工业智能网关、数据采集型工业智能网关和边缘计算型工业智能网关。

按是否模块化，工业智能网关可以分为模块化工业智能网关和非模块化工业智能网关，如图 4-3 所示。模块化工业智能网关可以实现网关接口的灵活配置，以适应工业现场的业务需求；非模块化工业智能网关只能提供固定单一的接口，功能单一、满足需求有限，但其成本相对较为低廉。

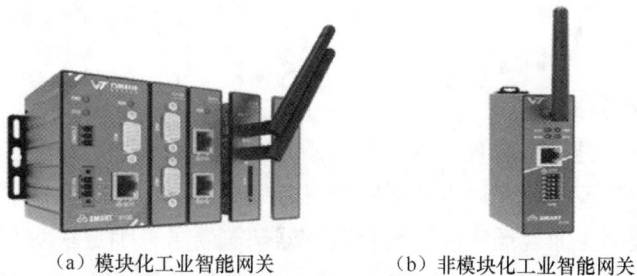

（a）模块化工业智能网关　　　　（b）非模块化工业智能网关

图 4-3　工业智能网关按是否模块化分类

按采集对象不同，工业智能网关可分为 PLC 工业智能网关、分布式控制系统工业智能网关、传感器工业智能网关和机器人工业智能网关等。

4.3.4　工业智能网关设计选型的考虑因素

工业智能网关作为工业互联网平台与设备层连接的窗口，应根据工业现场的实际情况，支持适合的网络格式，并具备对应设备的行业接口，能直接与工业设备通信，通过有线、无线多种连接方式连接工业以太网或互联网，实现终端设备有效接入工业互联网平台。因此，对工业智能网关进行选型时，需要根据不同的现场情况和设备情况考虑以下指标。

1. 支持的工业通信协议

由于企业需要进行互联的工业设备已经部署在工业现场执行生产任务，这些设备存在着系统架构不同、通信协议不同等异构特性，特别是大量设备存在私有协议，给互联互通带来很多困难。如果将这些工业设备全部更新换代成使用统一标准接口的终端设备，则需要耗费大量的资金，这是很难实现的。

既然工业设备的标准化难以实现，那么在为项目选型工业智能网关时，就需要考虑该网关是否支持对应的工业现场设备的通信协议。

2. 支持的设备通信接口

工业智能网关选型时需要根据现场工业设备的接口、串口种类和数量需求，选择符合要求的工业智能网关产品，否则需要增加转接设备，增加额外成本。

3. 可转发的平台接口

工业智能网关采集到工业设备数据之后，需要把数据转发到工业互联网平台，因此需要具备转发到工业互联网平台的接口协议，在选型的时候需要考虑选用的工业智能网关的转发接口是否匹配要对接的工业互联网平台。

4. 最大的采集点数

数据采集点数也是工业智能网关的重要影响因素。为项目选型工业智能网关时，一方面，需要根据业务需求和设备采集点数考虑，网关最大支持的采集点数必须大于业务需求的点数，并留有一定的冗余，以保证扩展性；另一方面，要保证传输精度和采集速率，从而确保数据的准确性和实时性。

5. 网关的联网方式

此处的联网方式是指工业智能网关与工业互联网平台的联网通信方式。工业智能网关的联网方式与使用环境相关，通常的联网方式有蜂窝网络（4G、5G 等）、以太网、Wi-Fi 等。部署时需要根据工业现场环境、平台服务器部署要求来确定联网方式。

蜂窝网络更加独立，不受现有网络布局限制，但有资费支出，且有信号要求。以太网最稳定，但需结合现有网络布局进行布线。Wi-Fi 不受现有网络布局限制，但网络质量易出现波动。

6. 网关的可靠性

鉴于工业的高可靠性要求，工业智能网关应满足恶劣的工业现场环境和日益复杂的工业过程控制要求。网关需要坚固耐用，具有较宽的工作温度范围、较强的抗电磁干扰能力等。此外，需要保证数据采集及通信的可靠性，在最大/最小通信速率下，数据丢包率和数据错误率要在允许的误差范围内。

选择的工业智能网关适宜的工作环境温湿度需要满足工业现场的环境温湿度范围，以及满足抗电磁干扰要求、IP 防护等级要求等。例如，钢铁行业的环境温度可达 85 ℃，那么选型时就不能选用仅满足工业现场常用的-20～55 ℃工作温度范围的网关。

说明：抗电磁干扰能力，使用电磁兼容性（electromagnetic compatibility，EMC）等级进行判断。电磁兼容性标准分为 1 级—4 级，等级越高抗干扰能力越好。电磁兼容性是指设备或系统在其电磁环境中满足其功能要求又不会对该环境中的任何设备产生无法忍受的电磁干扰的能力。

7. 网关的硬件配置

网关的硬件配置影响其存储和运算能力，从而影响网关的最大采集点数、采集频率、断点续传能力。工业智能网关的选型需要根据项目需求进行综合考虑。网关的硬件配置包含如下内容。

CPU：作为系统的运算和控制核心，是信息处理、程序运行的最终执行单元。目前工业智能网关主要使用 3 种架构：第一种是单片机架构，它没有软件操作系统；第二种是 ARM 架构，其软件系统为 Linux 操作系统；第三种是 x86 架构，软件系统为 Windows 操作系统。CPU 的主要参数为主频和核心数，反映 CPU 的重要性能。

内存：也称为内存储器或主存储器，是系统的重要部件之一，用于暂时存储 CPU 中的运算数据，以及与硬盘等外部存储器交换的数据。内存的运行速度也决定了网关整体运行的快慢。

硬盘：网关主要的存储设备，除了存储程序固件及配置文件外，还缓存一些数据。例如，在网络不通的情况下，工业智能网关采集的数据无法实时上传至平台，此时这些数据将存储在硬盘内。待网络恢复通信时，工业智能网关再将这些数据上传至平台。

说明：在一些极端的工业场景下，比如偏远地区的工厂或者发生自然灾害的地区，网络的不确定性很大。为了适应现场网络的不确定性、提高工业智能网关的容错机制，断点续传是我们在选型时需要考虑的指标，以确保遇到网络中断时，网关能够继续准确采集，将数据缓存到非易失设备中，并在网络恢复正常时，把缓存数据上传到工业云平台。

8. 网关的边缘计算能力

随着计算能力的不断下沉，业内已涌现出越来越多的边缘计算网关。现场采集的实时数据在工业智能网关内部进行本地处理、清洗、存储，甚至在本地完成分析和决策，最后将数据上传到云端，这样减少了单个传感器和云端的计算负担，以及机器与机器之间的沟通流量。

如果工业现场对快速处理并反馈设备的实时数据有明确需求，那么在工业智能网关选型时可以把边缘计算能力考虑进去。一般情况下，工业智能网关的边缘计算能力不作为主要指标进行考虑。

4.3.5　工业智能网关的配置

1. 前期准备

在开始安装和配置工业智能网关之前，需进行以下准备工作。

首先，确定网络拓扑。根据实际需求和网络环境规划工业智能网关的位置和连接方式。

然后，选购设备。选择符合需求的工业智能网关设备，并确保设备参数和功能满足要求。

最后，网络连接准备。准备好可用的网络接入设备和网络线缆，确保网络正常连接。

2. 安装工业智能网关

工业智能网关的安装步骤如下。

步骤 1：将工业智能网关设备安装在预定位置。根据网络拓扑规划，确定工业智能网关设备的安装位置。通常情况下工业智能网关设备应安装在相对稳定和干燥的机柜或墙壁上，并且与其他设备保持一定的距离。

步骤 2：连接电源。使用提供的电源适配器或直接接入电源线，将工业智能网关设备接通电源，确保电源连接正确，工业智能网关设备能够正常供电。

步骤 3：连接网络。将工业智能网关设备的网线接入网络交换机或路由器的可用端口，并检查网络指示灯的状态，确认网络连接正常。

3．配置工业网智能关

配置工业智能网关的配置步骤如下。

步骤 1：访问配置界面。打开浏览器，输入工业智能网关设备的默认 IP 地址（通常为 192.168.0.1 或 192.168.1.1）。在弹出的登录界面中输入默认用户名和密码（可在设备说明书中查找）并登录。

步骤 2：基础配置。登录后，进入工业智能网关设备的配置界面进行基础配置，其中包括设置设备的网络参数、时间同步方式、安全认证、远程访问权限等。这里根据实际需求进行配置，并进行保存。

步骤 3：协议配置。根据实际需要配置工业智能网关支持的通信协议和接口。根据设备类型和具体协议，配置串口、Modbus、OPC 等相关参数，确保配置正确并保存。

步骤 4：配置工业智能网关的数据采集和传输方式。根据实际场景，选择适合的数据采集方式，如轮询、事件触发、报警触发等。同时，配置数据传输方式，如通过以太网、无线网络或专用通信线路传输数据。确认配置参数正确并保存。

步骤 5：安全设置。为了保证工业智能网关系统的安全性，我们需要配置安全策略，其中包括端口和协议的访问控制、防火墙设置、安全协议等。这里需要确保设置适当，并保存设置。

步骤 6：系统备份和升级。为了避免数据丢失，系统需要定期进行备份。我们可以将配置文件备份到本地计算机或外部存储设备。同时，及时关注企业的系统升级信息，进行固件的升级和更新。

4．工业智能网关的测试和调试

完成工业智能网关的安装和配置后，便可进行系统的测试和调试，具体如下。

网络连接测试：确保工业智能网关设备能够正常连接到所需要的网络，并能够与其他设备进行通信。

数据采集测试：测试工业智能网关对现场设备的数据采集功能，确保数据准确采集和传输。

控制功能测试：测试工业智能网关对现场设备的控制功能，确保能够正确控制设备。

安全性测试：测试配置的安全策略是否能够有效保护工业网关系统的安全性。

故障排除：如果测试和调试过程中出现问题，则根据报错信息进行故障排除，保证系统的正常运行。

4.4 实验过程

为了帮助读者熟悉工业智能网关的硬件特性和软件配置，收集和处理来自传感器的数据，以及实现从工业智能网关到云平台的数据传输，下面进行工业智能网关配置与数据上传实验。

1. 网关连接计算机并进行配置

步骤 1：按下图 4-4 中矩形标注的小圆点，取出 SIM 卡的卡槽，检查是否有 SIM 卡。若有则取出 SIM 卡，并把 SIM 卡的卡槽安装好。

步骤 2：将 12～24 V 电源适配器的红色电源线接正极，黑色电源线接负极，并把右边凹陷处（矩形）拨片拨到左边，如图 4-5 所示。

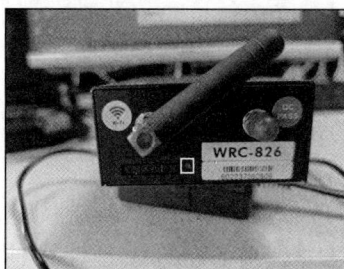

图 4-4 检查工业智能网关是否有 SIM 卡

图 4-5 电源接线

步骤 3：将图 4-5 中的 RJ-45 接口插上网线，通过有线方式连接 RTU 和计算机。之后打开 DUT_CONFIG 软件进行配置，这里选择 WRC-826，其设置界面如图 4-6 所示。

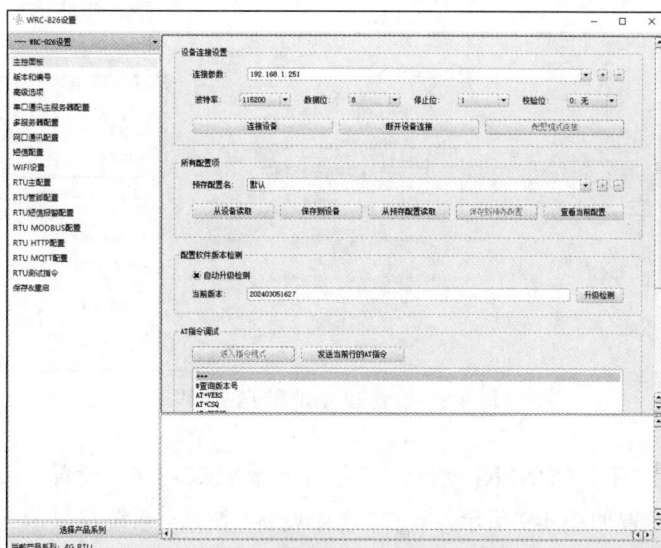

图 4-6 WRC-826 设置界面

步骤 4：进行终端设置，在"控制面板"→"网络和 Internet"→"网络和共享中心"中更改适配器设置，如图 4-7 所示。

图 4-7　更改适配器设置

步骤 5：使用鼠标右键单击"以太网"，在弹出的界面上单击"属性"，双击"Internet 协议版本 4(TCP/IPv4)"，将"自动获取 IP 地址"改为"使用下面的 IP 地址"，并将 IP 地址改为 192.168.1.2，子网掩码改为 255.255.255.0，如图 4-8 所示。

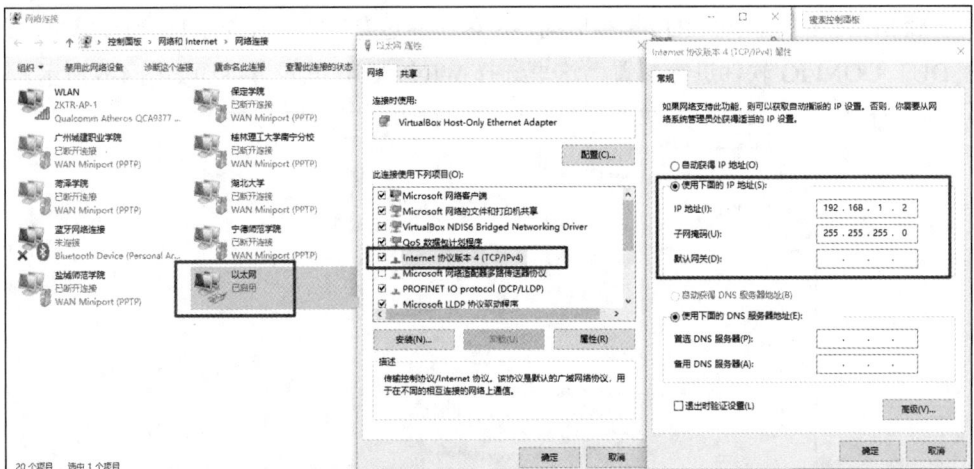

图 4-8　设置 IP 地址和子网掩码

步骤 6：使用 DTU_CONFIG 软件，左上角选择 WRC-826，设置连接参数为 192.168.1.251，其他连接设置如图 4-9 所示，单击"连接设备"按钮，系统将显示连接设备成功（这里默认连接配置准确）。

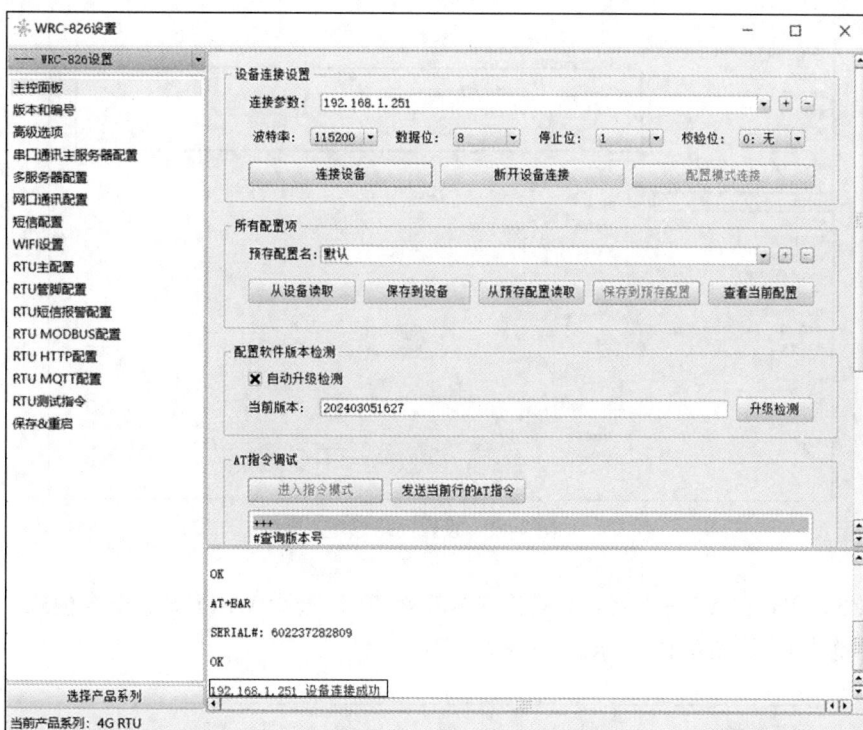

图 4-9　参数设置

2．网关连接 Wi-Fi

步骤 1：查看计算机所连接的 Wi-Fi 的属性。网关只能连接网络频带为 2.4 GHz 的 Wi-Fi，这里需查看并记住网络通道号，如图 4-10 所示。

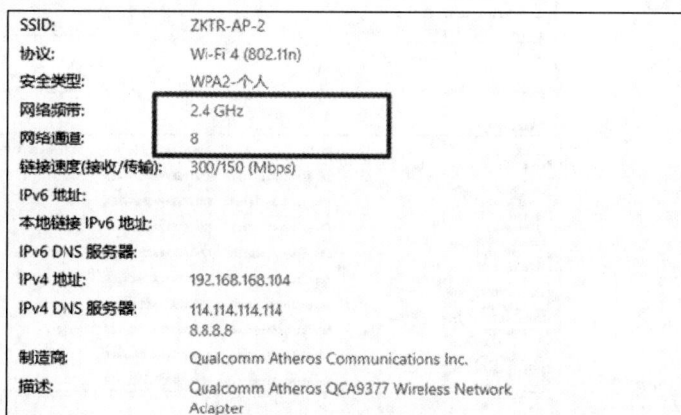

图 4-10　Wi-Fi 的属性

步骤 2：在 DTU_CONFIG 软件中双击"Wi-Fi"设置（软件中将 Wi-Fi 显示为 WIFI），设置 Wi-Fi 总开关时选择打开 Wi-Fi 设备，通道号设置为和上一步查看到的一致，设置完成单击"发送"按钮，如图 4-11 所示。

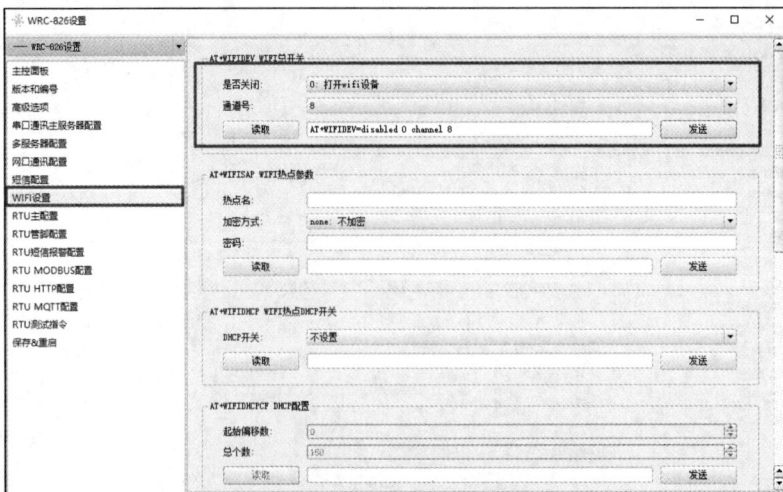

图 4-11　设置网络通道

步骤 3：单击"AT+WIFILIST 列出 Wi-Fi 热点"，查看 Wi-Fi 名、安全模式（认证模式、加密模式），如图 4-12 所示。

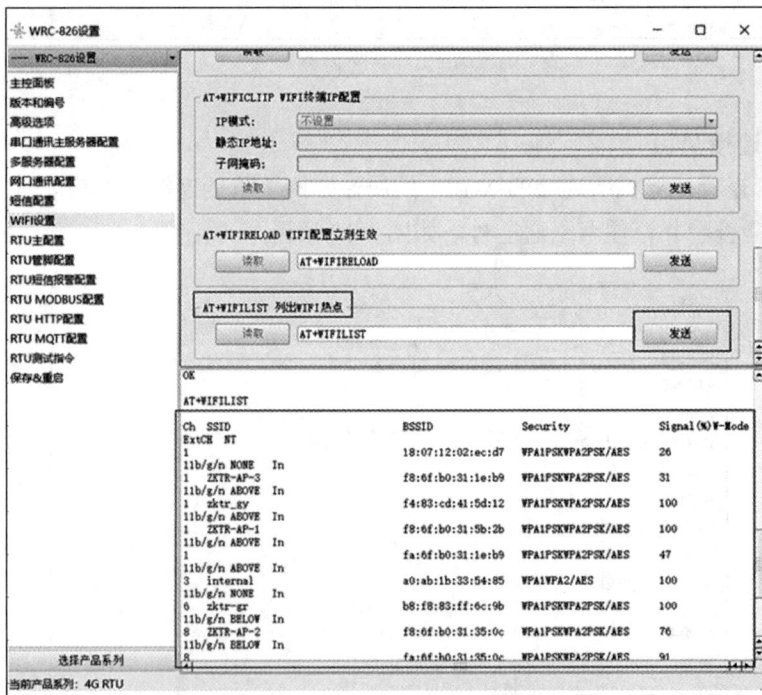

图 4-12　查看 Wi-Fi 热点

步骤 4：在 Wi-Fi 终端配置中，设置开启 Wi-Fi 终端，配置热点名、认证模式、加密模式、密码，然后单击"AT+WIFIRWLOADWi-Fi 配置立即生效"右边的"发送"按钮，如图 4-13 所示。

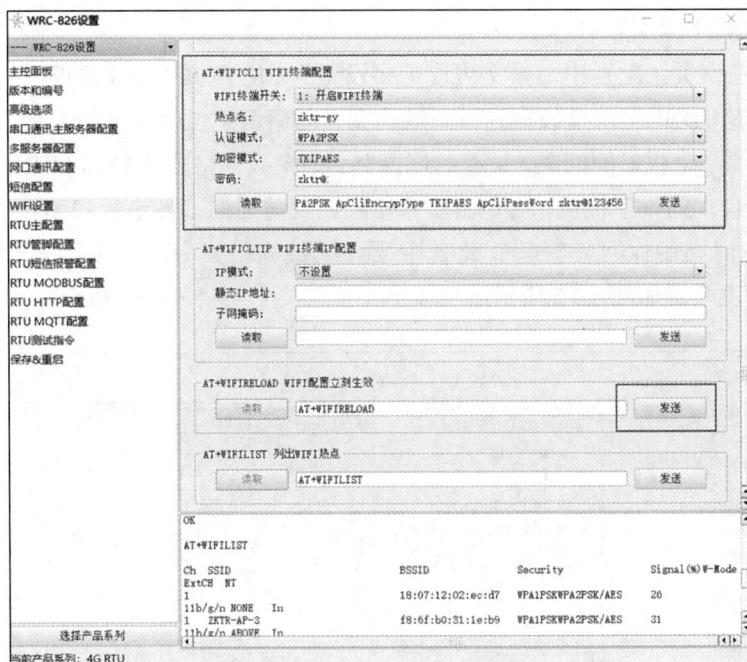

图 4-13 配置 Wi-Fi 热点名等

步骤 5：在界面空白处单击鼠标右键，选择"保存配置"选项进行保存，如图 4-14 所示。之后断电重启，设备将自动连接 Wi-Fi，未配置 MQTT 协议时连上 Wi-Fi，PWR、LINK 灯会常亮。

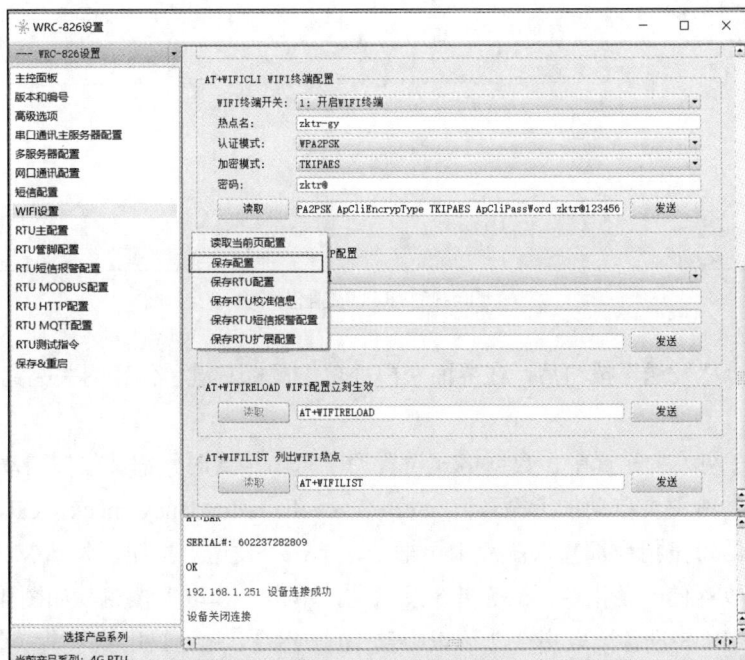

图 4-14 保存配置

3. 设置 MQTT 协议

步骤 1：在网关主配置中，报文协议需要设置为 MQTT CJSON 协议，数据格式选择字符串格式，MODBUS 地址设置为 1。网关会自动问询下位机并上传数据，此时需要设置采样时间间隔、上报时间间隔、保存时间间隔。如果数据格式选择 MODBUS 指令格式，此时网关不会自动问询下位机，而是由服务器向网关传递问询帧进行问询，网关会自动接受问询帧向下问询后返回应答帧。此处主要介绍数据格式为字符串格式时该如何设置 MQTT。RTU 主配置如图 4-15 所示。

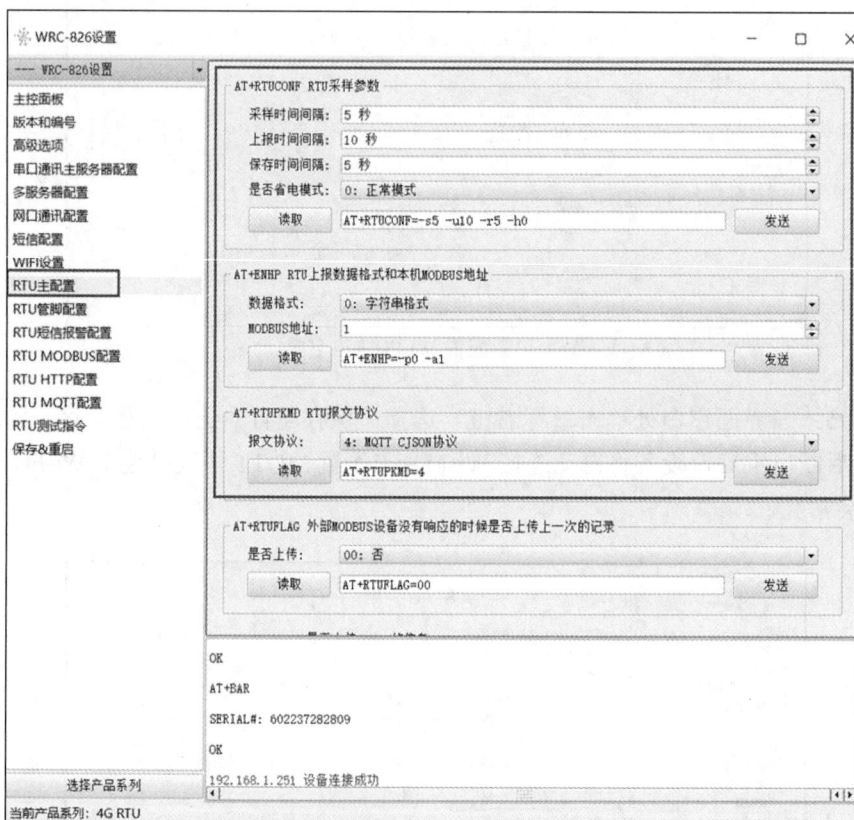

图 4-15　RTU 主配置

单击各部分"发送"按钮后，在界面空白处单击鼠标右键，保存网关配置，如图 4-16 所示。

步骤 2：在网关主配置中，数据格式设置为字符串格式时，需要设置自动问询帧，用于问询下位机，网关会自动加上循环冗余校验（cyclic redundancy check，CRC）校验码，将上述文件中的每条指令都输入图片中黑框处，单击"发送"按钮，外部 MODBUS 设备读取指令 1 可以存储 5 条指令，5 条指令发送完，单击"读取"按钮，如图 4-17 所示。

外部 MODBUS 设备读取指令 2 可以存储 10 条指令，此处只用到了前 7 条，单击"读取"按钮，如图 4-18 所示。

图 4-16 保存 RTU 配置

图 4-17 发送指令

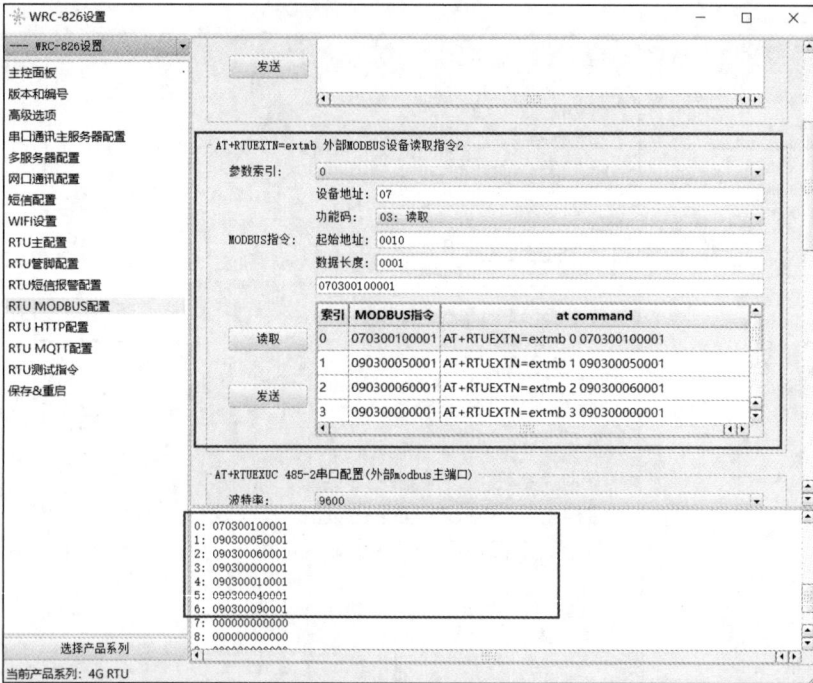

图 4-18   查看反馈

步骤 3：设置 MQTT 的服务器 URL（url）、用户名、密码、发布主题。每台网关的发布主题须不一样。如果网关主配置中数据格式选择的是 MODBUS 指令格式，还需要设置订阅主题才能接收到服务器传来的问询帧，密码只能发送不能读取。MQTT 设置如图 4-19 所示。

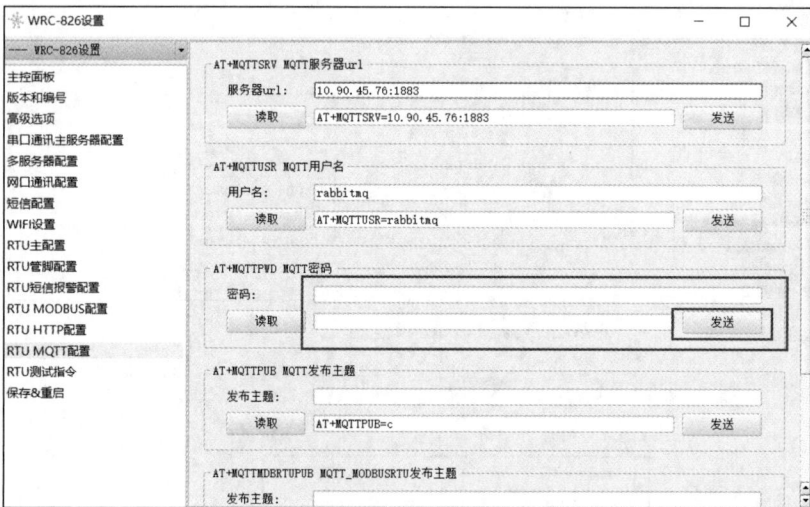

图 4-19   MQTT 设置

此时按照图 4-20 所示操作保存相关配置，并单击左侧的"保存&重启"进行重启，使配置生效。

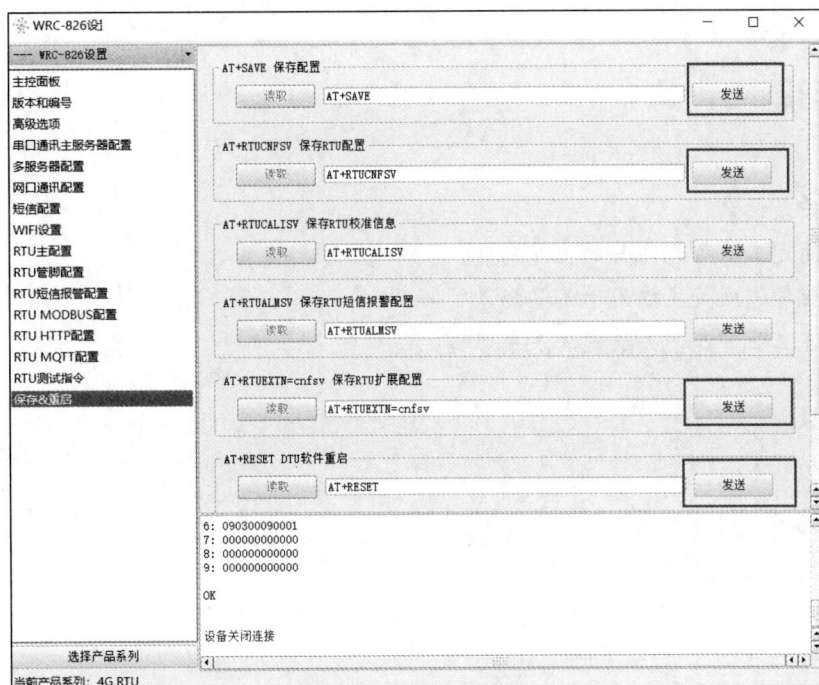

图 4-20　保存配置并重启

步骤 4：将并联好的传感器末端 A、B 口分别接到网关的 485+口和 485-口上，RTU 会自动问询传感器，并将接收的数据通过 MQTT 发送出来。

此时打开一个 MQTT 客户端，订阅网关上设置的主题，即可看到网关所发的消息，消息为 JSON 格式，数据为 16 进制，如图 4-21 所示。

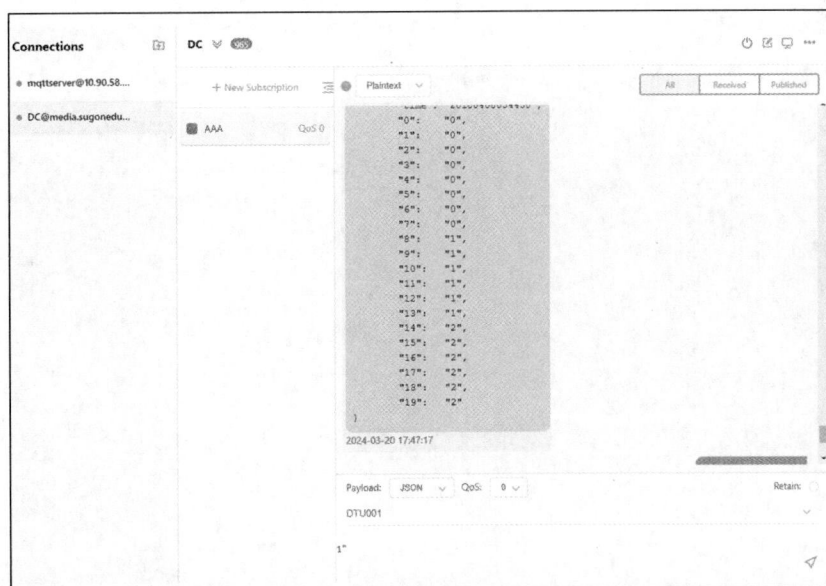

图 4-21　MQTT 客户端收到的消息

4.5 习题

1. 网关是什么？
2. 请简述工业智能网关的主要功能。
3. 工业智能网关主要用于哪些场景？
4. 描述工业智能网关配置的基本步骤。

项目五 边缘计算

5.1 项目要求

1. 了解边缘设备的种类。
2. 实现模型构建与模型训练功能。

5.2 学习目标

1. 熟悉边缘计算的概念。
2. 了解边缘计算的实例。
3. 掌握边缘计算的基本架构与方案。

5.3 相关知识

随着物联网设备的大规模部署与普及，海量数据不断生成，这些数据如果全部传送到中心化的云服务器进行处理将导致网络带宽压力增大，并且增加响应时间。为了克服这些问题，边缘计算应运而生，它将计算能力部署在网络的边缘，即数据产生的源头附近，从而实现数据的就近处理，提高应用效率并降低对数据中心的依赖。这种架构特别适用于需要低时延、高带宽和本地化服务的应用场景，如自动驾驶、远程医疗和工业自动化等。

5.3.1 边缘计算的概念

根据出发点的不同，我们将边缘计算的相关定义整理如下。

边缘计算作为云计算的延伸：边缘计算是一种云计算优化方法，通过将网络集中节点（云核心）上的应用、数据和服务放置到逻辑边界节点（边缘），从而建立与物理世界的直接联系。

边缘计算作为前端设备和云计算的中介：边缘计算是指那些使得计算发生在网络边缘的

技术合集，向下的数据流来自云计算服务，向上的数据流来自前端的各类物联网设备。

描述计算平台的角度：根据边缘计算产业联盟的定义，在靠近物或数据源头的网络边缘侧，融合网络、计算、存储、应用核心能力的开放平台，就近提供边缘智能服务，满足行业数字化在敏捷连接、实时业务、数据优化、应用智能、安全与隐私保护等方面的关键需求。它可以作为连接物理和数字世界的桥梁，使能智能资产、智能网关、智能系统和智能服务。

泛化的云与用户之间的补充：边缘计算是指从数据源到云数据中心的路径上任意计算和网络资源的统称。该定义明确将边缘计算看作云计算中心与用户之间所有计算和资源的统称。

ISO 等标准化组织对边缘计算的定义为：一种将主要处理和数据存储放在网络的边缘节点的分布式计算形式。

相比完全基于云的传统模型，边缘计算能让存储、计算、处理和网络更接近生成或使用数据的设备。"边缘计算"的内涵是一系列边缘计算技术（包括硬件和软件）。这些技术包括边缘节点、本地边缘、云边缘、边缘云、边缘网关、边缘负载和边缘应用。对于移动网络来说，"接近"是一个相对概念，它可以是比较近的位置（在传输网中），也可以是客户所处的位置（无论在用户设备内部还是在用户驻地）。

5.3.2 边缘计算的基本架构与方案

1. 边缘计算的基本架构

边缘计算的基本架构如图 5-1 所示。

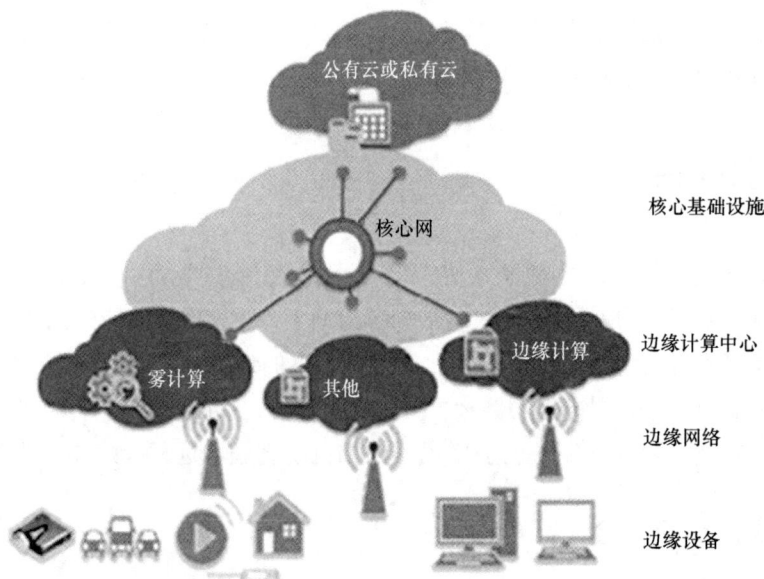

图 5-1 边缘计算的基本架构

核心基础设施：提供核心网接入（如互联网、移动核心网络）和用于移动边缘设备的集中式云计算服务和管理功能。

边缘计算中心：提供计算、存储、网络转发资源，是整个"云-边-端协同"架构中的核心组件之一。

边缘网络：融合多种通信网络来实现物联网设备和传感器的互联。

边缘设备：不只是数据消费者，更是作为数据生产者参与到所有的 4 个功能结构层中。

2．边缘计算的架构组成

（1）服务器

服务器是构建边缘计算架构的核心。相对于传统的数据中心服务器，边缘服务器应能够提供高密度计算及存储能力。在供电和功耗方面，考虑深度学习模型推理的场景需要使用卸载卡，总功耗至少在 300 W 以上，服务器使用直流电或者交流电供电。

（2）异构计算

异构计算能够将不同指令集的计算单元集成在一起，发挥各自最大的优势，实现性能、成本和功耗等的平衡，同时也增加了边缘计算架构的复杂度，因此，需要虚拟机和软件抽象层提供统一的 SDK 和 API，屏蔽硬件的差异，使得开发者和用户能够在异构平台上方便地开发和安装。

（3）虚拟机和容器的选择

若业务之间需要达到更强的安全隔离，虚拟机是较好的选择；如果更看重节省资源、轻量化和高性能，则容器更好。容器可以单独运行在终端之上，也可以运行在虚拟机中。容器技术在多数应用中更适合边缘计算的场景。

借助虚拟机和容器，系统能够更方便地对计算平台上的业务负载进行整合、编排和管理。虚拟机和容器的主要区别如表 5-1 所示。

表 5-1 虚拟机和容器的主要区别

特性	容器	虚拟机
启动	秒级	分钟级
硬盘使用	一般为 MB	一般为 GB
性能	接近原生	弱
系统支持量	单机支持上千个容器	一般几十个

3．边缘计算平台架构

边缘计算平台的基础资源包括计算、网络和存储 3 个基础模块。

（1）计算

异构计算是边缘计算侧的计算硬件架构。边缘设备既要处理结构化数据，也要处理非结构化数据，成本就成为选型的关注重点。异构计算可以充分发挥各种计算单元的优势，实现性能、成本、功耗、可移植性等方面的均衡。

（2）网络

时间敏感网络和软件定义网络技术会是边缘计算网络部分的重要基础资源。软件定义网络应用于边缘计算，可支持百万级海量设备的接入与灵活扩展，提供高效低成本的自动化运维管理，实现网络与安全的策略协同与融合。

（3）存储

数字世界需要实时跟踪物理世界的动态变化，按照时间顺序存储完整的数据，并且需要支持时序数据的快速写入、持久化、多维度的聚合查询等基本功能。为了确保数据的准确性和完整性，时序数据库需要不断插入新的时序数据，而不是更新原有数据。

4. 边缘计算方案

边缘计算方案主要包括智能传感器、实时数据分析、云存储与云计算、安全防护及节能环保几部分。

智能传感器。它是边缘计算的一种重要应用。这些设备可以实时处理和存储感知到的数据，而无须将数据传输回中央处理器。这种方式大大提高了数据处理的速度和效率，同时也降低了数据传输的能耗。例如，在工业制造领域，智能传感器可以用来监测设备的运行状态，及时发现潜在的问题，从而提早采取维护措施。

实时数据分析。许多行业，尤其是制造业和物流业，需要对设备或数据进行实时监控和分析。边缘计算可以提供这种能力，通过在数据源附近进行数据处理，可以快速地进行分析并做出响应。例如，在物流业中，通过实时数据分析，我们可以实时监测货物的运输状态，及时为客户提供最新的物流信息。

云存储与云计算。随着数据的不断增长，云存储已经成为一种主流的数据存储方式。云计算则可以通过网络将计算任务分配到多台设备上进行处理，从而实现更高效的数据处理。在边缘计算中，利用云存储和云计算，我们可以实现更高效的数据管理和处理。例如，在视频监控领域，通过边缘计算可以将视频数据进行处理并存储在云端，大大降低了数据传输的能耗。

安全防护。在边缘计算中，安全防护也是一个重要的话题。由于边缘设备通常处于开放的环境中，容易受到物理攻击或者网络攻击，因此，需要采取一系列安全措施来保护边缘设备的安全。例如，可以通过加密技术来保护数据的传输和存储过程，也可以通过访问控制机制来限制用户的访问权限。

节能环保。边缘计算的一个重要目标就是节能环保。将处理过程尽可能地靠近数据源，可以大大降低数据传输的能耗，同时也减少了数据中心的能源消耗。例如，在智能家居中，边缘计算可以本地处理家庭设备的数据，而无须将数据传输回数据中心进行处理，从而降低了数据传输的能耗。

总地来说，上述方案都是为了满足不同应用场景的需求而设计的。随着物联网应用的不断发展和普及，我们相信边缘计算将会发挥越来越重要的作用。它将为我们提供更快速、更高效、更安全的数据处理方式，从而推动各行业的数字化进程。

5.3.3 边缘计算实例

边缘计算，作为一种在设备或终端实现实时数据处理和计算的技术，正在引领新一轮的信息化潮流。它的三大应用案例分别是智能制造、智能网联汽车、无人机。

1．智能制造

在制造业中，边缘计算的使用正在改变传统的生产模式，实现传统制造向智能制造的转型。智能制造以边缘计算为基础，通过自动化设备、传感器和数据分析工具的结合，实现生产线的实时监控和优化。

在智能制造中，边缘计算的主要应用是在生产设备上安装传感器，收集设备的运行数据，如温度、压力、振动等，通过对这些数据的实时分析和处理，可以提前发现设备故障，从而避免生产线的停机，提高生产效率。

另外，边缘计算也用于实现生产线的自动化调节。例如，在金属加工中，通过边缘计算实现的自动化调节可以大大提高加工精度和效率，同时减少能源消耗和废品率。

2．智能网联汽车

在交通领域，边缘计算的应用主要体现在智能网联汽车上。智能网联汽车通过车载传感器、通信设备等，实现车辆与车辆、车辆与道路基础设施的互联。这种互联产生的数据需要进行实时处理和计算，这就体现了边缘计算的价值。

边缘计算在智能网联汽车中的应用主要体现在以下几个方面。

实时感知和反馈：通过车载传感器收集车辆的运行数据（如车速、转向灯状态、车道信息等），边缘计算可以对这些数据进行实时处理和分析，从而提供车辆的实时状态反馈和警告。

交通安全和效率：通过边缘计算实现的车辆间通信和车辆与基础设施的通信，可以实现实时的交通信息和警告共享，从而提升行车安全，同时也可以通过优化交通流量，提高道路的利用率。

自动驾驶：边缘计算是实现自动驾驶的关键。通过安装在车辆上的多个传感器收集数据，边缘计算可以实现车辆的实时感知和决策，如识别行人、车辆和道路标志，以及做出紧急制动、变换车道等决策。

3．无人机

在航空领域，边缘计算的应用也在逐渐增加，尤其是在无人机领域。无人机通过搭载传感器和通信设备，可以实现数据的实时采集和处理，这是边缘计算的重要应用场景。

边缘计算在无人机中的应用主要有以下几个方面。

环境感知。无人机在执行任务时，需要实时感知和理解环境。边缘计算可以通过安装在无人机上的传感器实现对环境的实时感知和判断。

实时控制和决策。在执行任务过程中，无人机需要根据实际情况做出实时的决策和行动，这离不开边缘计算的支持，如进行目标追踪、避开障碍物等。

数据传输。无人机在回传数据时，需要在有限带宽下进行高效的数据传输。边缘计算可以通过对数据进行压缩和处理，提高数据传输的效率和质量。

总地来说，边缘计算的应用案例都充分展示出边缘计算的广泛应用前景。随着技术的发展，边缘计算将在更多领域得到应用，为我们的生活带来更多便利和更高的效率。

5.3.4　边缘设备的含义

边缘设备（edge device）是指在网络边缘直接与物理世界交互的硬件设备，这些设备通常部署在数据产生的源头附近，用于收集、处理和转发数据。边缘设备是边缘计算生态系统的关键组成部分，它们能够在接近数据源的地方执行计算任务，从而减少对中心化云资源的依赖，提高数据处理的速度和效率。

（1）边缘设备的工作原理

边缘设备由硬件组成，这些硬件执行两个基本功能，即提供物理连接和实现网络之间的通信。一个完整的边缘设备功能可能包括传输、路由、处理、监控、过滤、转换和网络之间的数据存储。

（2）传统和智能边缘设备

传统的边缘设备包括边缘路由器、路由交换机、防火墙、多路复用器和其他广域网设备。

智能边缘设备有内置的处理器，具有板载分析或人工智能能力。这些设备可能包括传感器、驱动器和物联网网关。通过在智能边缘设备上直接处理一定量的数据，而不是上传到云上处理数据，企业可以提高效率，降低成本。

（3）边缘设备的用途

边缘设备主要用于企业和服务提供商将本地局域网（local area network，LAN）连接到互联网或广域网（wide area network，WAN），而边缘设备和边缘计算已经发展到提供更高级的功能。这些功能可能包括无线接入点（access point，AP）、动态主机配置协议（dynamic host configuration protocol，DHCP）服务和域名服务（domain name service，DNS）等。

5.4　实验过程

随着视频监控应用的普及化和功能应用的多样化，以云计算为核心的集中式数据处理模式越来越难以为继。边缘计算就近对视频数据进行预处理，在带宽、存储、时延等方面表现优异。本实验采用边缘计算技术实现口罩识别系统，其详细信息可以网上搜索"基于YOLOv8/v5的口罩识别系统"进行获取。

本实验主要内容包括数据集处理（已收集包含佩戴和未佩戴口罩的人脸图像，并已对数据进行标注，区分是否佩戴了口罩）；基于深度学习模型构建和训练一个能够区分佩戴与未佩戴口罩的人脸识别模型，进行超参数调整以优化模型性能；将训练好的模型部署到边缘设备上，编写代码让边缘设备能够实时捕捉视频流，并使用模型来识别是否佩戴了口罩。该实验的主要目的是探索如何利用边缘计算技术快速准确地识别视频流中的口罩佩戴情况。

本实验的硬件要求如下。

- 边缘设备：可以是具有足够处理能力的嵌入式系统，或者是具有高性能计算能力的边缘服务器。

- 摄像头：用于采集视频流，可以是 USB 摄像头或网络摄像头。
- 显示器（可选）：用于显示处理后的视频流结果。
- 网络连接：虽然边缘计算强调在本地处理数据，但是可能需要通过网络下载模型或更新算法。

本实验的软件要求如下。

- 操作系统：Linux（如 Ubuntu）、Windows 或其他支持的操作系统。
- 开发工具：Python 环境及相关的开发库，PyTorch 用于深度学习模型的训练与推理。
- 深度学习框架：PyTorch，用于训练和部署模型。
- 模型：预训练的深度学习模型，用于面部检测及口罩识别。

5.4.1　数据集处理

实现高效且准确的口罩识别的关键在于构建一个样本量大、多元化的数据集，它可以训练和验证深度学习模型，确保其在现实世界中的有效性和可靠性。数据集共包含 2000 张标注图像，涉及多个场景和多种口罩类型，反映了真实环境中的多样性和复杂性。我们将样本分位两种类别，代码如下。

```
Chinese_name = {'mask': "佩戴口罩",
                'no-mask': "未佩戴口罩",}
```

数据集被划分为训练集（含 1200 张训练图像）、验证集（含 400 张验证图像）和测试集（含 400 张测试图像）。训练集用于模型的训练，验证集用于模型参数的调整，测试集则用来评估模型的最终性能。这样的划分不仅符合机器学习的最佳实践，还确保了评估过程的公正性和全面性。在数据集的构建过程中，我们特别注意各类别标签的平衡，这有助于防止模型偏向于任何一个特定类别。样本数据如图 5-2 所示。

图 5-2　样本数据

5.4.2 模型构建

在口罩识别系统中，我们从几个重要的库中导入了必要的模块，代码如下。CV2 是 OpenCV 库的一部分，负责处理图像和视频数据。torch 是 PyTorch 的核心，一个强大的深度学习库。Detector 用于模型的构建和输出的可视化。Chinese_name 提供了从类别到中文名称的映射。YOLO 类和 select_device 函数来自 Ultralytics，用于加载 YOLO 模型并选择合适的计算设备。

```
import CV2
import torch
from QtFusion.models import Detector
from datasets.label_name import Chinese_name
from ultralytics import YOLO
from ultralytics.utils.torch_utils import select_device
```

这里设定模型运行的初始化参数，代码如下。如果 GPU 可用，将使用 GPU（代码中的 cuda）来加速模型的运行，否则使用 CPU 运行模型。conf 设定了置信度阈值，用来判断一个检测是否有效。iou 是非极大值抑制中的一个重要参数，用来处理重叠的检测框。

```
device = "cuda:0" if torch.cuda.is_available() else "cpu"
ini_params = {
    'device': device,
    'conf': 0.25,
    'iou': 0.5,
    'classes': None,
    'verbose': False
}
```

count_classes 函数接收检测结果和类别名称，返回一个计数列表，表示每个类别的检测数量。也就是说，它将检测信息和类别名称列表作为输入，并返回一个与类别名称列表相对应的计数列表。这个函数对于分析模型在不同类别上的表现非常有用。

```
def count_classes(det_info, class_names):
    count_dict = {name: 0 for name in class_names}
    for info in det_info:
        class_name = info['class_name']
        if class_name in count_dict:
            count_dict[class_name] += 1
    count_list = [count_dict[name] for name in class_names]
return count_list
```

YOLOv8v5Detector 类封装了模型的行为，包括模型加载、图像预处理、预测以及后处理。模型加载选择适当的设备并加载预训练的 YOLO 模型，以确保可以立即进行目标检测。图像预处理在当前实现中直接返回传入的图像，但为未来可能的图像转换留出了空间。预测是模型的核心，它接收输入图像并使用 YOLO 模型产生检测结果。这个过程将图像中潜在的每个目标封装为一系列预测结果，其中包括类别、边界框和置信度分数。后处理进一步解析 YOLO 模型的原始输出，将其转换成一种更加结构化和可读性强的格式。这个行为（步骤）至关重要，因为它使最终用户能够轻松理解和使用模型的预测结果。

```python
class YOLOv8v5Detector(Detector):
    def __init__(self, params=None):
        super().__init__(params)
        self.model = None
        self.img = None
        self.names = list(Chinese_name.values())
        self.params = params if params else ini_params
    def load_model(self, model_path):
        self.device = select_device(self.params['device'])
        self.model = YOLO(model_path)
        names_dict = self.model.names
        self.names = [Chinese_name[v] if v in Chinese_name else v for v in
                      names_dict.values()]
        self.model(torch.zeros(1, 3, *[self.imgsz] * 2).to(self.device).
                   type_as (next(self.model.model.parameters())))
    def preprocess(self, img):
        self.img = img
        return img
    def predict(self, img):
        results = self.model(img, **ini_params)
        return results
    def postprocess(self, pred):
        results = []
        for res in pred[0].boxes:
            for box in res:
                class_id = int(box.cls.cpu())
                bbox = box.xyxy.cpu().squeeze().tolist()
                bbox = [int(coord) for coord in bbox]
                result = {
                    "class_name": self.names[class_id],
                    "bbox": bbox,
                    "score": box.conf.cpu().squeeze().item(),
                    "class_id": class_id,
                }
                results.append(result)
        return results
    def set_param(self, params):
        self.params.update(params)
```

这里，我们提供了一种设置参数的方法，允许用户在运行时根据需求调整模型的置信度和重叠度（intersection over union，IOU）。这意味着用户可以动态调整模型的行为，以获得更好的检测效果。例如，在精确度更重要的情况下提高置信度阈值，或者在召回率更重要时降低置信度阈值。

至此，我们实现了从加载模型到获取检测结果的完整流程。最终，这些代码片段的整合不仅提高了检测效率，而且通过优化后的参数设置和预处理策略，进一步提升了检测的准确率。这些都是口罩识别系统的技术核心。

5.4.3 模型训练

下面使用 YOLOv8 模型来训练口罩识别系统，这一过程不仅涉及深度学习模型的加载和初始化，还包括数据集的准备及训练参数的配置。表 5-2 中详细介绍了 YOLOv8 模型训练中使用的一些重要超参数。

表 5-2 重要超参数

超参数	设置值	说明
学习率（lr0）	0.01	决定模型权重调整的步长大小，在训练初期有助于模型快速收敛
学习率衰减（lrf）	0.01	控制训练过程中学习率的降低速度，有助于模型在训练后期进行细致调整
动量（momentum）	0.937	加速模型在正确方向上的学习，并减少振荡，加快收敛速度
权重衰减（weight_decay）	0.0005	通过在损失函数中添加正则项来降低模型复杂度，防止过拟合
热身训练周期（warmup_epochs）	3.0	初始几个周期内以较低的学习率开始训练，逐渐增加到预定学习率
批量大小（batch）	16	每次迭代训练中输入模型的样本数，影响内存使用和模型性能
输入图像大小（imgsz）	640	模型接收的输入图像的尺寸，影响模型的识别能力和计算负担

环境设置与模型加载：首先需要导入必要的库，以便在训练过程中使用它们的功能，具体如下。

```
import os
import torch
import yaml
from ultralytics import YOLO  # 用于加载 YOLO 模型
from QtFusion.path import abs_path  # 用于获取文件的绝对路径
```

这些库提供了文件路径操作、深度学习功能和模型加载的能力，特别是 Ultralytics 库中的 YOLO 类，这是训练 YOLO 模型的核心工具。

接下来，根据当前系统是否支持计算统一设备体系结构（compute unified device architecture，CUDA，即 NVIDIA GPU 加速）来设置设备变量。这一步对于加速训练过程至关重要，具体如下。

```
device = "0" if torch.cuda.is_available() else "cpu"
```

数据集准备：首先设置工作线程和批量大小，这些参数会影响数据加载的速度和内存使用。这里，workers 指定了用于数据加载的工作线程数，batch 则设置了每个批次的图像数量。

```
workers = 2   # 工作线程数
batch = 8   # 每批次处理的图像数量
```

为了正确地加载和处理训练数据，这里需要指定数据集配置文件的路径，具体如下。

```
data_name = "MaskDataset"
data_path = abs_path(f'datasets/{data_name}/{data_name}.yaml', path_type =
'current')   # 数据集 yaml 的绝对路径
unix_style_path = data_path.replace(os.sep, '/')
```

这段代码构建了数据集配置文件的路径，并使用 abs_path 函数将其转换为绝对路径，以避免出现路径相关的错误。

紧接着，对数据集配置文件进行读取和修改，以确保它指向正确的数据目录。

```
directory_path = os.path.dirname(unix_style_path)
with open(data_path, 'r') as file:
    data = yaml.load(file, Loader = yaml.FullLoader)

if 'path' in data:
    data['path'] = directory_path
    with open(data_path, 'w') as file:
        yaml.safe_dump(data, file, sort_keys = False)
```

训练模型：在数据集配置就绪后，加载预训练的 YOLO 模型，并设置任务类型为 detect，准备开始训练。这里传递了所有必要的参数，包括图像大小（imgsz）、训练轮数（epochs）和训练任务的名称。在此训练任务中，epochs = 120，即执行 120 个 epoch 的训练，这是一个在实践中需要根据实际情况调整的参数。

```
model = YOLO(abs_path('./weights/yolov5nu.pt', path_type = 'current'), task =
'detect')   # 加载预训练的 YOLOv8 模型
# model = YOLO('./weights/yolov5.yaml', task='detect').load('./weights/
yolov5nu.pt')   # 加载预训练的 YOLOv8 模型，并设置任务类型为 detect
# Training.
results = model.train(   # 开始训练模型
    data = data_path,    # 指定训练数据的配置文件路径
    device = device,    # 自动选择进行训练
    workers = workers,    # 指定使用 2 个工作线程加载数据
    imgsz = 640,   # 指定输入图像的大小为 640 像素×640 像素
    epochs = 120,   # 指定训练 120 个 epoch
    batch = 8,   # 指定每个批次的大小为 8
    name = 'train_v5_' + data_name   # 指定训练任务的名称
)
model = YOLO(abs_path('./weights/yolov8n.pt'), task = 'detect')
# 加载预训练的 YOLOv8 模型
results2 = model.train(   # 开始训练模型
    data = data_path,    # 指定训练数据的配置文件路径
    device = device,    # 自动选择进行训练
    workers = workers,    # 指定使用 2 个工作线程加载数据
    imgsz = 640,    # 指定输入图像的大小为 640 像素 × 640 像素
```

```
epochs = 120,   # 指定训练 120 个 epoch
batch = 8,   # 指定每个批次的大小为 8
name = 'train_v8_' + data_name   # 指定训练任务的名称
)
```

通过上述过程，我们成功地配置并启动了口罩识别模型的训练任务。YOLOv8 作为一个强大的目标检测框架，为训练任务提供了良好的支持，使得训练过程既高效又方便。在训练完成后，我们会得到一个针对口罩识别任务优化过的模型。它将能够准确识别和分析图像中的口罩，为后续的应用提供强大的技术支撑。

5.4.4   部署模型

（1）开启摄像头实时检测

本系统允许用户通过网页直接开启摄像头，实现对实时视频流中是否戴口罩的检测。系统将自动识别并分析画面中的口罩，并将检测结果实时显示在用户界面上，为用户提供即时的反馈。基于 VOLO v8/v5 的口罩识别系统界面如图 5-3 所示。

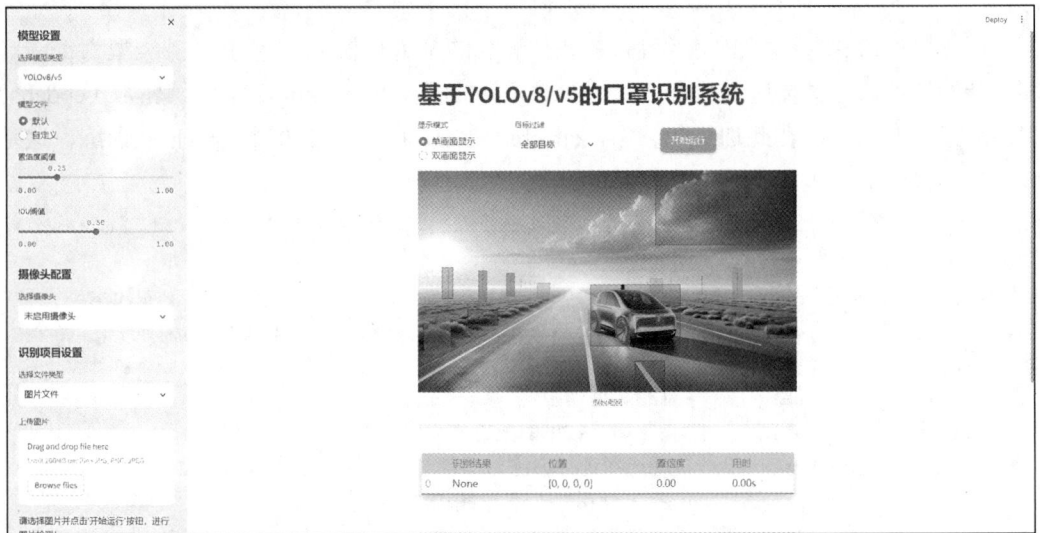

图 5-3   系统界面

（2）选择图片进行检测

用户可以上传本地的图片文件到系统中进行口罩识别。系统会分析上传的图片，识别出图片中的口罩，并在界面上展示带有口罩标签和置信度的检测结果，让用户能够清晰地了解戴口罩情况。

（3）选择视频文件进行检测

系统支持用户上传视频文件进行口罩识别。上传的视频将被系统逐帧分析，以识别和标记视频中每一帧画面的口罩。用户可以观看带有口罩识别标记的视频，了解视频中口罩的变化。

（4）选择不同的模型文件

系统集成了多个版本的 YOLO 模型（如 YOLOv8/v7/v6/v5），用户可以根据自己的需求选择不同的模型进行口罩识别。这一功能使得用户能够灵活地比较不同模型的表现，以选择最适合当前任务的模型。识别结果如图 5-4 和图 5-5 所示。

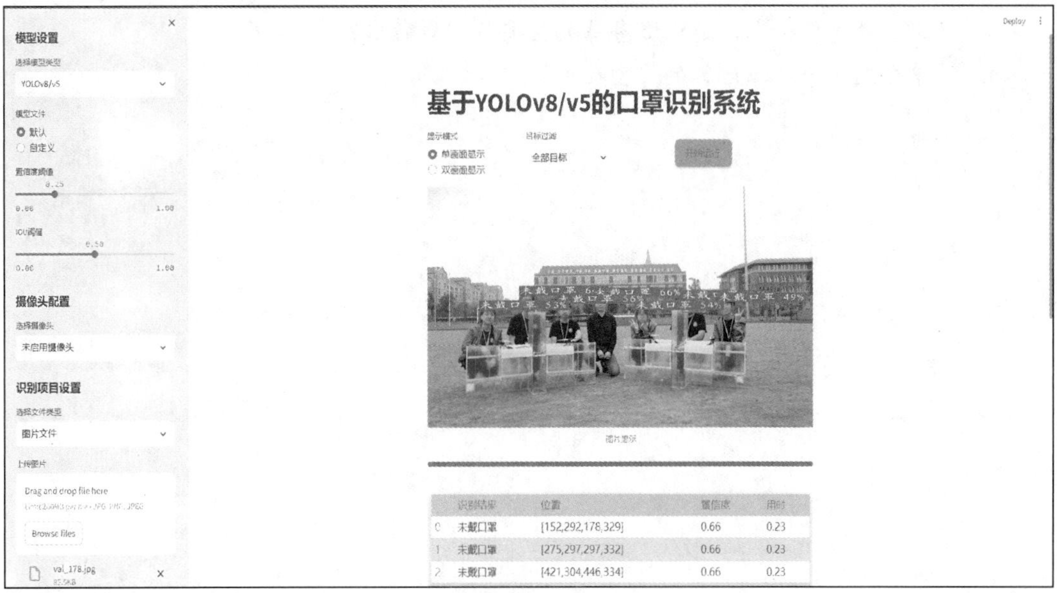

图 5-4　识别结果（1）

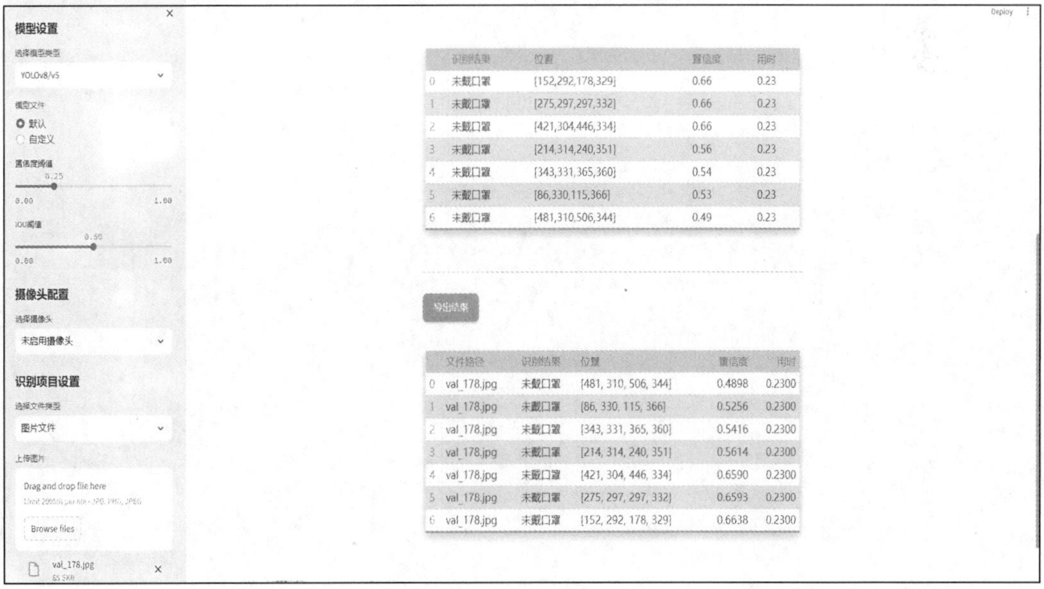

图 5-5　识别结果（2）

5.5 习题

1. 解释边缘计算的含义。
2. 描述边缘计算的基本架构。
3. 在边缘计算架构中，边缘服务器的主要作用是什么？
4. 简单介绍几个边缘计算的典型应用。

项目六 物联网数据采集

6.1 项目要求

1. 掌握物联网数据采集方法。
2. 熟悉物联网数据采集技术。
3. 能够使用一物一码系统对物品进行编码和解析。

6.2 学习目标

1. 了解物联网的基本概念及其与工业物联网的关系。
2. 了解物联网的分层结构。
3. 熟悉物联网感知层技术及常见设备。

6.3 相关知识

物联网数据采集是指从各种物理设备、传感器和其他数据源中获取数据，并将这些数据传输到中央系统、云平台或边缘计算设备进行处理和分析的过程。在工业环境中，这一过程通常称为工业物联网（industrial Internet of things，IIoT）数据采集。工业物联网数据采集系统如图 6-1 所示。

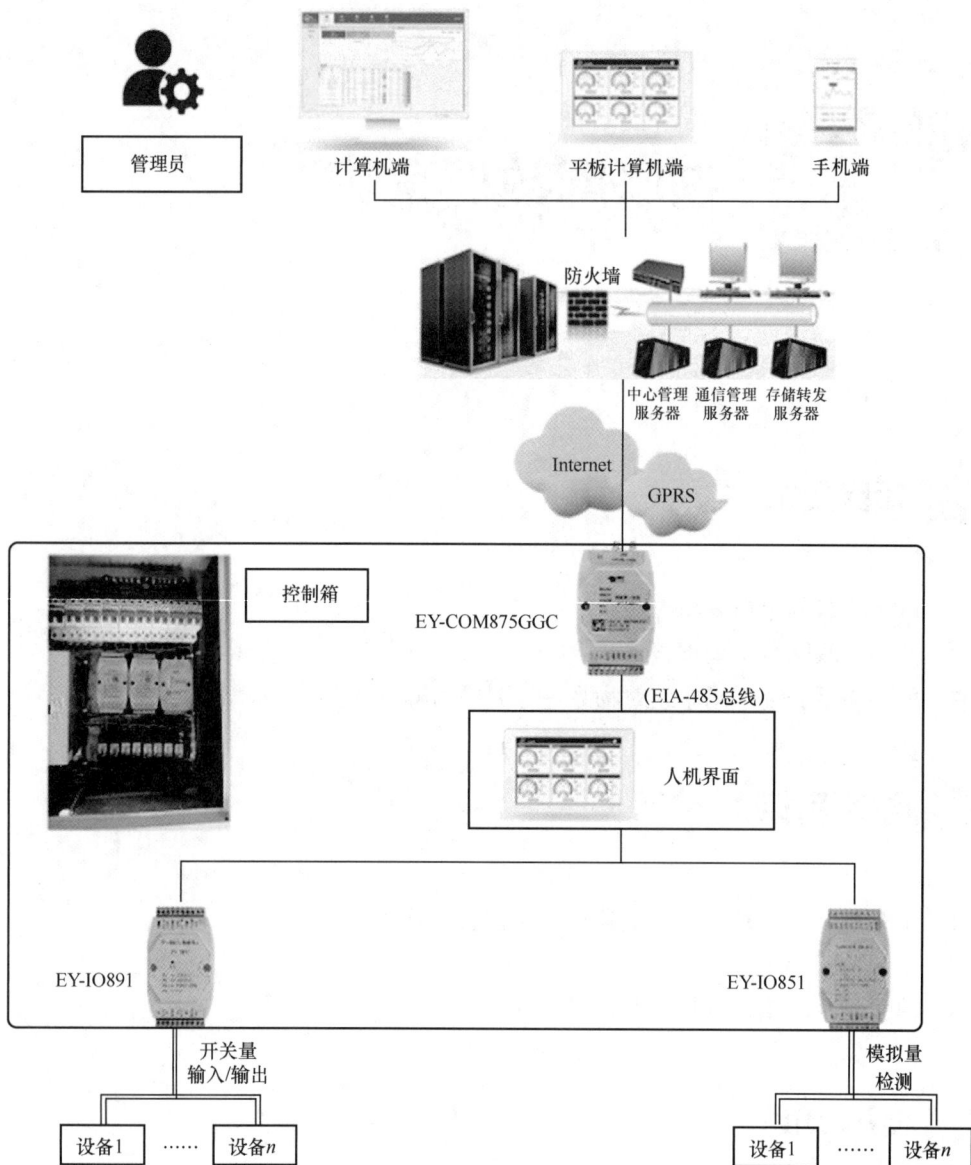

图 6-1　工业物联网数据采集系统

6.3.1　物联网简介

1．物联网概述

物联网是一个快速发展的技术领域，通过将各种信息感知设备与互联网结合起来形成的一个巨大网络。在这个网络中，物理设备（如传感器、智能家电、工业机器、车辆等）被赋予唯一的识别码，并通过各种网络协议（如 Wi-Fi、蓝牙、ZigBee、LoRa 等）与互联网连接，实现数据的交换和信息的共享。物联网信息共享示意如图 6-2 所示。

图 6-2 物联网信息共享示意

物联网的核心在于"万物互联",即让任何物品在任何时间、任何地点都能与互联网或其他物品或人进行信息交换。这种连接方式极大地扩展了互联网的边界和应用范围,使得人们能够以前所未有的方式监测、控制和优化各种设备和系统的运行。

物联网技术广泛应用于各个领域,例如智能制造、智慧城市、智能家居等。在智能制造中,物联网技术能够实现生产设备的智能化管理和优化调度。在智慧城市中,物联网技术能够提升城市基础设施的智能化水平,提高城市管理效率和服务质量。在智能家居中,物联网技术则能让人们享受更加便捷、舒适、安全的家居生活。

2. 物联网与工业物联网的关系

物联网是通过互联网将物与物、物与人连接起来,实现数据采集、传输、处理和控制的技术体系。工业物联网则是物联网技术在工业领域的深度应用,专注于制造业、能源、交通、物流等工业行业。工业物联网通过将工业设备、生产线、供应链等连接起来,实现设备互联、数据采集与分析、智能控制和优化,从而提高生产效率、降低成本、提高产品质量,并实现全生命周期管理。物联网与工业物联网的关系如图 6-3 所示。

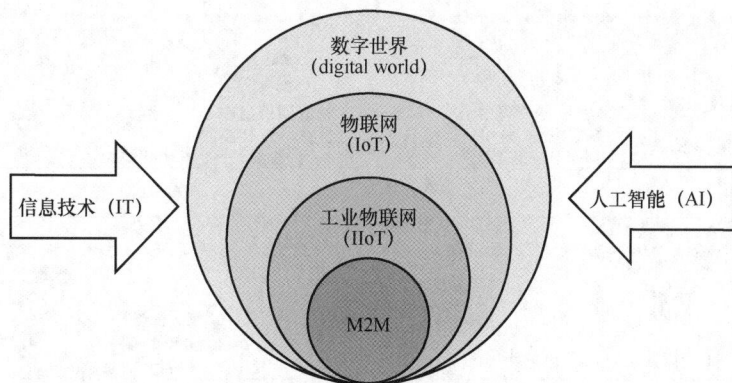

M2M—machine to machine,机器对机器

图 6-3 物联网与工业物联网的关系

物联网与工业物联网之间存在紧密且相辅相成的关系，具体包括以下几种。

技术共享与融合：工业物联网是物联网在工业领域的应用和延伸，两者共享核心技术、网络架构、数据分析能力和安全机制。工业物联网依赖物联网技术来实现工业设备和系统的互联互通，以及数据的收集、传输、存储和分析。物联网为工业物联网提供数据，工业物联网则将这些数据转化为制造业和生产过程中的智能决策。

应用场景互补：物联网的应用范围广泛，包括智能家居、智能交通、智能医疗等多个领域。工业物联网则专注于工业领域，通过连接和优化工业设备及流程，实现智能制造和工业自动化。工业物联网利用物联网技术实现了生产设备的实时监控、维护预测、资产管理和优化决策等功能，提高了生产效率和产品质量。

相互促进与发展：物联网技术的不断进步为工业互联网的发展提供了有力支持。随着物联网技术的普及和应用，越来越多的工业设备被连接到网络中，为工业物联网提供了丰富的数据源。同时，工业物联网的发展也推动了物联网技术的创新和应用。

物联网与工业物联网之间在技术上共享与融合，应用场景上互补互促，共同推动了工业领域的数字化、网络化、智能化发展。未来，随着技术的不断进步和应用场景的不断拓展，物联网与工业物联网的关系将更加紧密，为工业乃至整个社会的发展带来更大的变革和机遇。

6.3.2　物联网分层结构

物联网通常采用 3 层结构：感知层、网络层和应用层，如图 6-4 所示。这种 3 层结构也是物联网系统的基本框架，涵盖了从数据采集到数据传输再到数据应用的全过程。

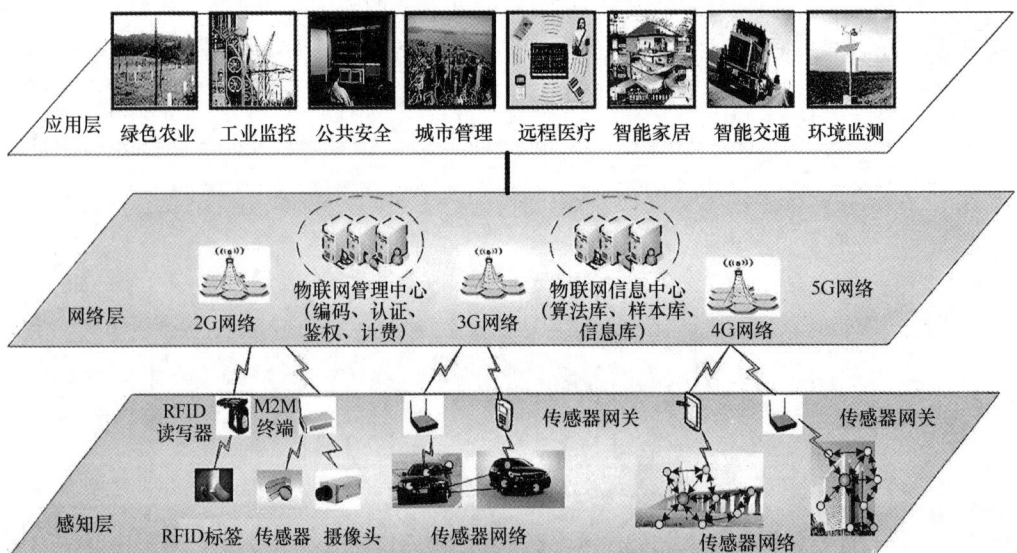

图 6-4　物联网 3 层结构

1．感知层

感知层是物联网 3 层结构的最底层，也是基础层。它主要负责从物理世界中获取数据，并将这些数据传输到网络层进行处理。感知层是整个工业物联网系统的数据源，它的准确性、实时性和可靠性会直接影响整个系统的效能。感知层是工业物联网中各种物理设备与数字世界之间的桥梁，负责将物理世界中的状态、变化和事件转化为可以传输和处理的数据。它包括各种传感器、执行器、RFID 读写器、摄像头和数据采集设备，这些设备遍布于工厂的生产线、设备、环境监测系统等。

（1）感知层的核心功能

数据采集：感知层的主要功能是实时采集物理环境中的各种数据，其中包括温度、湿度、压力、振动、位置、速度、声音、光强等数据。这些数据是工业物联网进行监控、分析和决策的基础。

数据转换：感知层不仅要采集数据，还需将模拟信号转化为数字信号，以便后续进行传输和处理。同时，它还可能对数据进行初步过滤和处理，如去噪、放大和转换等。

设备状态监测：感知层能够监测工业设备的运行状态，如电动机的转速、轴承的温度、液压系统的压力等，以便及时发现异常，预防设备出现故障。

环境监测：感知层中的环境传感器用于监控工业环境的各项指标，如空气质量、温湿度、振动和噪声等，以确保工作环境的安全。

支持自动化控制：感知层不仅采集数据，还通过执行器（如电动机、阀门、机器人等）实现对设备的自动化控制，从而使生产过程更加智能化和高效化。

（2）感知层的关键组件

传感器：这是感知层的核心部件，用于检测物理世界中的各种物理量，并将它们转换为电信号。

RFID 读写器：用于对工业产品和材料进行标识和跟踪，通过无线电信号自动识别目标对象并获取相关数据，广泛应用于仓储管理、生产线跟踪等场景。

条码和二维码扫描器：用于读取条码或二维码信息，通常用于产品的质量追溯和物流管理。

机器视觉系统：通过摄像头和图像处理算法，感知层可以实现对产品外观和尺寸的检测，用于质量控制和自动化检测。

执行器：与传感器相反，执行器将控制信号转化为机械动作，用于控制设备的运作，如电动机启动、阀门开闭、机械手臂移动等。

（3）感知层的关键技术

感知技术：包括各种物理量检测技术，这些技术支持传感器在不同的工业应用中进行精确的物理量检测。

嵌入式系统：感知层设备通常集成有嵌入式处理器，用于执行传感器数据的初步处理和传输任务，减少数据传输的负荷并提高系统的实时性。

无线传感器网络：在大规模的工业应用中，无线传感器网络将大量分布式传感器节点连接在一起，实现广域的数据采集和监控，常见的通信协议有 ZigBee、LoRa、Wi-Fi 等。

边缘计算：在感知层中引入边缘计算，能够在靠近数据源的地方进行数据的预处理、分析和存储，减少对中央服务器的依赖，并提高响应速度。

（4）感知层面临的挑战

数据的准确性和可靠性：感知层采集的数据质量直接影响后续分析和决策的准确性，因此传感器的精度、稳定性和抗干扰能力至关重要。

设备能耗：工业现场的传感器和设备可能分布广泛，某些场合中供电不便，感知层设备的低功耗设计成为一个重要挑战，特别是在电池供电或能量采集应用中。

环境适应性：工业环境通常较为恶劣，存在高温、高湿、振动、电磁干扰等因素，感知层设备必须具备良好的环境适应性，确保在恶劣条件下的稳定运行。

数据的实时性和连续性：工业应用对数据的实时性有很高要求，感知层需要保证数据采集和传输的连续性，以便实时监控和快速响应。

（5）感知层的应用案例

生产线监控：在制造业中，感知层通过安装在生产线上的各类传感器实时监控设备状态、产品质量和生产环境，确保生产过程的稳定性和产品的合格率。

工业设备预维护：感知层持续监测关键设备的运行状态，通过采集振动、温度、压力等数据，结合边缘计算和数据分析，提前预测设备故障，实现预防性维护，减少停机时间。

智能仓储管理：感知层通过 RFID 读写器、条码扫描器和环境传感器，实现对仓库内物品的自动化管理和环境监测，确保物料的精确追踪和存储环境的适宜。

能源管理系统：在工业能源管理中，感知层通过各种传感器采集用电、用水、气体流量等数据，帮助优化能源使用，提高能源效率，降低运营成本。

在工业物联网中，感知层是整个系统的基础，它负责将物理世界中的数据采集并转化为可用的数字信号。感知层的核心在于各种传感器和执行器，它们实现了对工业现场的实时监控和自动化控制。随着感知技术、无线通信和嵌入式系统的发展，感知层在工业物联网中的作用变得更加关键，它不仅是数据采集的起点，也是实现工业智能化的重要推动力量。

2．网络层

物联网 3 层结构中的网络层扮演着至关重要的角色。相比于传统物联网，工业物联网对网络层的要求更加严格，因为它不仅要处理大量的数据传输，还需确保工业过程的高可靠性、低时延和强安全性。

在工业物联网中，网络层主要负责连接各种工业设备、传感器和系统，将现场设备采集的数据传输到工业控制系统和云端进行处理分析。同时，网络层还需要支持实时控制、远程监控和管理，并保证网络的高可用性和安全性。

（1）网络层的功能

高可靠数据传输：工业场景对数据传输的可靠性要求极高，尤其是在关键任务场景中，数据丢失或时延可能导致严重的安全事故或生产中断。网络层必须确保数据的稳定传输，即使在复杂或恶劣的工业环境中，也要求做到稳定传输。

实时性和低时延：在工业自动化和控制系统中，实时性至关重要。网络层需要支持低时延通信，以保证工业设备能够实时响应控制指令和数据传输的时效性。

网络拓扑管理：工业物联网中的设备种类繁多、数量庞大，且网络结构复杂。网络层需要高效管理这些设备的连接和通信，支持灵活的网络结构调整，以适应不同的工业应用场景。

边缘计算支持：在工业物联网中，网络层通常会结合边缘计算进行数据预处理，这样可以减轻核心网络和云端的负担，提高数据处理的效率和实时性，特别是在需要快速响应的工业控制任务中。

多协议支持和转换：工业物联网通常涉及多种通信协议，如 Modbus、PROFINET、EtherCAT 等。网络层需要具备多协议支持和转换能力，以确保不同设备之间的数据能够无缝交互。

安全性和隐私保护：工业环境对网络安全的要求极高，网络层必须具备强大的安全机制，包括数据加密、身份认证、访问控制等，以防止网络攻击、数据泄露和设备相关数据被篡改。

（2）网络层的关键技术

工业以太网：工业以太网技术广泛应用于工业网络中，支持高速、稳定的数据传输，并能够承载多种工业协议，满足工厂自动化的需求。

无线通信技术：如 Wi-Fi、LoRa、NB-IoT 和 5G，这些技术在工业物联网中用于设备的无线连接。特别是 5G，因其超低时延和高带宽特性，它正逐步成为工业物联网中的核心技术，支持实时控制和大量数据传输。

时间敏感网络（time-sensitive networking，TSN）：TSN 技术确保数据传输的时间确定性，非常适合用于需要高精度时序和低时延的工业控制网络。

网络分段和虚拟化：通过网络分段（如 VLAN）和虚拟化技术，网络层可以隔离不同类型的工业流量，防止干扰和提升安全性，确保不同工业系统间的高效运作。

IPv6 和 IPv4 共存：工业物联网中的设备数量庞大，IPv6 提供了充足的地址空间，同时支持 IPv4 的共存过渡，保障了旧设备的兼容性。

（3）网络层面临的挑战

复杂环境中的高可靠性：工业现场环境复杂，包括高温、振动、电磁干扰等因素，网络层必须能够在这些恶劣条件下提供可靠的数据传输。

大规模连接和数据处理：随着工业物联网的扩展，设备和数据的规模迅速扩大，网络层需要应对海量数据的传输和处理需求，同时维持网络性能和稳定性。

网络安全风险：工业物联网时刻面临安全威胁，如黑客攻击、数据窃取等。网络层需要不断升级安全策略，以应对新的威胁。

（4）网络层的应用案例

智能制造：在智能工厂中，网络层连接各类工业机器人、传感器、自动化设备，实现设备之间的实时通信与协调，确保生产线的高效运作。

工业设备远程监控：通过网络层，工厂管理者可以实时监控分布在不同地理位置的工业设备，以进行故障诊断、远程维护和系统优化。

预测性维护：网络层采集设备运行数据，先通过边缘计算技术对初步分析，然后传输到云端进行大数据分析和机器学习，预测设备的故障趋势，从而实施预防性维护，减少停机时间。

在工业物联网中，网络层是连接设备与应用的桥梁，担负着数据传输、管理和安全的重要职责。它必须应对工业环境中高可靠性、低时延、大规模连接和安全性的挑战，并且不断融入新技术来满足工业自动化、智能制造等复杂应用的需求。随着工业物联网的进一步发展，网络层的技术和架构将持续演进，推动工业体系的智能化和互联化。

3．应用层

应用层是物联网3层结构的顶层，也是最接近用户和业务需求的一层。它负责将从感知层采集并通过网络层传输的数据进行分析、处理和展示，最终为用户提供各种应用服务。应用层是工业物联网实现智能化决策、生产优化和业务创新的核心所在。

应用层是工业物联网系统与用户直接交互的部分，它将数据转化为有价值的信息和知识，为企业提供决策支持、流程优化、故障诊断、预测性维护等功能。在工业物联网中，应用层的作用是通过大数据分析、人工智能、云计算等技术，将生产运营中的实时数据转化为优化策略和管理决策。

（1）应用层的核心功能

数据分析与处理：应用层接收来自感知层的数据，通过各种数据处理技术对数据进行清洗、分类、聚合和分析，挖掘出潜在的规律和趋势，为企业提供洞察和决策依据。

可视化展示：将分析后的数据和信息通过图表、仪表盘、报表等形式进行可视化展示，帮助用户更直观地理解和监控系统运行状态、生产过程和关键绩效指标（key performance indictor，KPI）。

决策支持：应用层结合工业大数据和人工智能技术，为企业的运营管理提供决策支持，例如生产调度优化、供应链管理、设备维护策略、质量控制等。

预测性维护：基于设备运行数据的分析和历史数据的建模，应用层可以预测设备可能发生的故障，提前安排维护，降低设备停机风险和维护成本。

自动化控制：应用层可以基于实时数据和分析结果生成控制指令，直接或间接影响生产过程的自动化控制，如调整生产线的速度、改变工艺参数、触发报警机制等。

系统集成与协同：应用层能够整合企业资源规划系统、MES、供应链管理系统等多个信息系统，实现信息的统一管理和跨系统协同工作。

（2）应用层的关键技术

大数据技术：应用层使用大数据技术处理和分析海量数据，从中提取有价值的信息。大数据技术包括数据仓库、数据湖等。

人工智能与机器学习：人工智能和机器学习技术在应用层可用于数据预测、模式识别、异常检测和优化决策等。例如，通过机器学习算法，应用层可以识别设备运行中的异常模式，并预测未来的设备行为。

云计算：应用层常依赖云计算资源进行大规模数据存储和处理。云计算提供了强大的计算能力和存储资源，支持分布式计算和弹性扩展。

边缘计算：尽管主要处理在云端进行，但边缘计算在应用层中也起到重要作用，特别是在需要低时延或高带宽的应用中。边缘计算能在接近数据源的位置进行初步数据处理，减少传输时延。

物联网平台：物联网平台是应用层的重要组成部分，提供设备管理，数据采集、分析和应用开发等功能。常见的工业物联网平台包括通用电气公司的 Predix、西门子公司的 MindSphere、美国参数技术公司的 ThingWorx 等。

数字孪生技术：数字孪生技术在应用层中用于创建物理资产的虚拟模型，通过实时数据的映射和分析，模拟设备或系统的状态和行为，支持远程监控和优化。

（3）应用层面临的各种挑战

数据复杂性与多样性：工业物联网涉及的数据类型多样，其中包括结构化数据、半结构化数据和非结构化数据，对这些数据的处理和分析是一个复杂的任务。

实时性要求：工业应用通常对数据处理的实时性有严格要求，应用层必须能够快速分析数据并给出决策建议，尤其是在需要即时响应的场景中。

安全性与隐私保护：应用层需要处理大量的工业数据，其中可能包含敏感的生产信息和商业秘密。在保证数据安全的同时提供可靠的服务是应用层面临的重大挑战。

系统集成与兼容性：工业物联网涉及众多异构系统和设备，应用层需要具备良好的集成能力，以兼容不同企业、不同标准的设备和系统，实现数据的互操作性。

高可用性与容错性：工业应用通常要求高可用性，应用层必须具备强大的容错能力和可靠的恢复机制，以确保系统在出现故障时能够快速恢复。

（4）应用层的应用案例

智能制造：在智能制造中，应用层通过实时分析生产数据，优化生产流程，提升生产效率和产品质量。例如，应用层可以根据设备的实时状态动态调整生产线的运行速度，减少资源浪费。

工业设备远程监控与维护：应用层可以远程监控工业设备的运行状态，并通过预测性维护模型预测设备故障，提前安排维修，避免生产中断。

供应链管理优化：通过整合各环节的数据信息，应用层可以优化供应链的管理，包括库存管理、物流跟踪和供应链协同，提高供应链的效率和响应速度。

能效管理：应用层可以实时监控工厂的能源消耗，分析各设备的能效情况，提出节能优化建议，降低能源消耗和运营成本。

质量控制与追溯：应用层通过分析生产过程中的各种数据，识别质量问题并实施实时监控，支持产品的全生命周期追溯，确保产品的质量和安全性。

在工业物联网中，应用层是将数据转化为业务价值的关键层级。它利用大数据、人工智能、云计算等先进技术，对感知层采集的数据进行深度分析和处理，并通过可视化、自动化控制、系统集成等手段，帮助企业实现智能化管理和优化决策。随着工业物联网的深入发展，应用层的功能和作用将不断扩展，进一步推动工业生产和管理的数字化、智能化转型。

6.3.3　感知层技术

人类通过视觉、味觉、嗅觉、听觉和触觉来感知外部世界。感知层就是物联网的感官，用于识别外界物体和采集信息。感知层的技术主要涉及传感器、数据采集、RFID 等技术，用于将物理量转换为可以传输和处理的数字信号。

1. RFID

（1）RFID 的概念及组成

RFID 技术是工业物联网中常用的数据采集手段之一。它通过无线电信号识别目标物体并获取相关数据，在工业物联网的各种应用场景中发挥着重要作用。RFID 应用示意如图 6-5 所示。

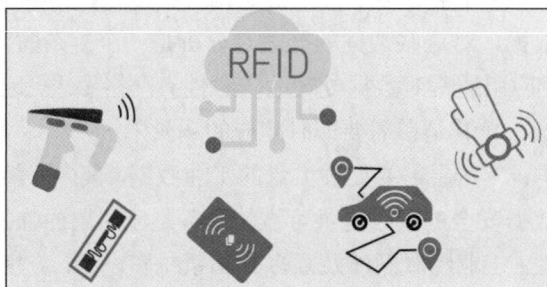

图 6-5　RFID 应用示意

RFID 是一种利用无线电波进行非接触式自动识别的技术，主要由 RFID 标签和 RFID 读写器两个部分组成。

RFID 标签是附着在物体上的小型设备，内含微芯片和天线，存储物体的唯一标识信息及其他相关数据。根据是否内置电池，标签可分为有源标签（主动）和无源标签（被动）。

RFID 读写器通过发送和接收无线电信号，以读取或写入 RFID 标签中的数据。RFID 读写器可以是固定式的，也可以是手持式的。

（2）RFID 系统的工作过程

数据初始化：RFID 标签在生产或使用过程中，首先通过编程将特定信息写入标签的存储芯片中，如产品编号、生产日期、位置信息等。

数据采集：当物体（带有 RFID 标签）进入 RFID 读写器的识别范围时，RFID 读写器会发出无线电波，这些电波为无源标签提供能量，使其激活并发送存储在芯片中的数据。有源标签则使用其内置电池供电，能够主动发送数据。RFID 读写器接收到标签发送的数据后，会进行解码等相关处理。RFID 数据采集如图 6-6 所示。

数据传输与处理：采集到的数据通过网络层传输到中央系统或云端，进行进一步分析和处理。在工业物联网中，采集的数据通常用于实时监控、跟踪和管理物品的状态。

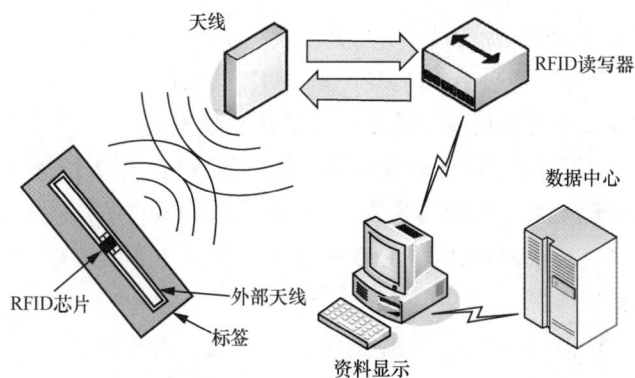

图 6-6 RFID 数据采集

（3）RFID 技术在工业物联网中的应用

资产管理：在工业生产和仓储管理中，RFID 技术用于对生产设备、工具、原材料和成品进行实时跟踪和管理。通过 RFID 技术，人们可以实现对物品位置、状态、历史记录的精确管理，减少物料丢失和库存积压。

供应链管理：RFID 技术可以贯穿供应链的各个环节，从原材料供应、生产制造到物流运输，跟踪物品的实时位置和更新状态，提高供应链的透明度和效率。

生产流程监控：在生产线上，RFID 标签可以用于标识和跟踪每个工件或部件，确保生产流程的准确性和一致性，帮助实现生产过程的自动化管理。

设备维护与管理：RFID 标签可以记录设备的使用历史、维护记录等信息，便于对设备的生命周期进行管理和维护，支持预测性维护和故障诊断。

安全管理：在一些特殊场合，如危险品管理、人员进出控制等，RFID 技术可以用于监控敏感区域的物品和人员，确保安全性。图 6-7 展示了 RFID 技术在图书管理系统中的应用。

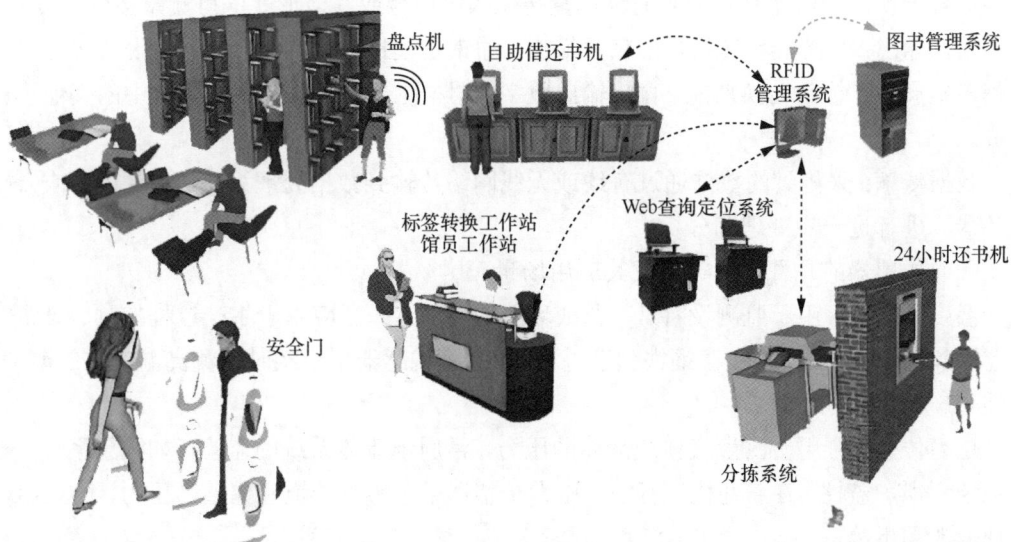

图 6-7 RFID 技术在图书管理系统中的应用

（4）RFID 数据采集的优势

非接触式识别：RFID 读写器可以在不接触物体的情况下识别标签，并采集数据，这一特性使其特别适合在恶劣环境或不便于接触的场合使用。

批量读取：RFID 读写器可以同时读取多个标签的数据，极大地提高数据采集的效率。特别是在需要快速处理大量物品的场景中，RFID 数据采集的优势被充分展现出来。

数据存储能力强：与条码相比，RFID 标签可以存储更多的信息，并且可以多次读、写数据，便于动态更新信息。

抗干扰能力强：RFID 标签对环境中的污染、光线、湿度等因素不敏感，适用于各种复杂的工业环境。

自动化程度高：RFID 技术支持自动化操作，无须人工干预，这降低了人工成本，也提高了系统的可靠性。

RFID 技术在工业物联网中是一个重要的数据采集手段，通过非接触、自动化的方式实现对物品和设备的精确管理。它在资产跟踪、生产监控、供应链管理和安全管理等方面发挥了显著作用。尽管面临一些技术和成本上的挑战，随着技术的不断进步，RFID 技术在工业物联网中的应用将继续扩展，为企业带来更高的效率和更强的竞争力。

2. 传感器

传感器是感知层的核心组件，通过实时监测和采集物理环境中的各种数据，为工业物联网系统提供可靠的数据输入。这些数据经过传输、处理和分析后，可以用于优化生产流程、提高设备效率、保障安全和支持智能决策。

（1）传感器数据采集的基本流程

物理量检测：传感器通过其敏感元件检测环境中的某种物理量。例如，温度传感器检测环境的温度，压力传感器检测气体或液体的压力。

信号转换：传感器将检测到的物理量转化为电信号或其他形式的可测量数据。

数据输出：传感器将转换后的信号输出，通常是模拟信号或数字信号。现代传感器越来越多地集成了模数转换功能，直接输出数字信号，便于与工业物联网系统中的其他组件集成。

数据传输：采集到的数据通过有线或无线网络传输到数据处理系统、边缘设备或云端服务器，进行进一步处理和分析。

（2）传感器的几种常见类型及其应用场景

温度传感器：用于监测设备、工艺或环境的温度，广泛应用于生产过程控制、设备健康监测和环境监测等领域。在钢铁制造过程中，温度传感器用于实时监测高温炉内的温度，确保生产工艺的稳定性。

压力传感器：用于测量气体或液体的压力，常用于流体系统的监控，如液压系统、气动系统和锅炉监控。在石油化工行业，压力传感器用于监测管道和储罐的压力，防止出现爆炸或泄漏事故。

加速度传感器：用于检测振动、冲击和加速度，广泛应用于机械设备的振动监控、故障诊断和防振保护。在旋转机械如涡轮机和电动机中，加速度传感器可以检测异常振动，帮助预测设备故障。

湿度传感器：用于测量空气或其他气体中的湿度，通常用于环境控制、仓储管理和工艺过程中的湿度监控。在食品加工厂，湿度传感器用于监控生产环境的湿度，确保产品质量。

光电传感器：利用光电效应进行检测，常用于位置检测、物体识别和自动化控制系统中。在自动化生产线上，光电传感器用于检测产品的存在与否，并触发后续工艺操作。

气体传感器：用于检测和测量特定气体的浓度，应用于环境监测、安全检测和工艺控制。在矿井或化工厂，气体传感器用于检测有害气体的泄漏，保障工人安全。

距离和位置传感器：用于测量物体与传感器之间的距离或物体的位置，常用于自动化控制、机器人导航和仓储管理。在智能仓储系统中，距离传感器帮助机器人精确定位物料位置，实现高效的物料搬运。

（3）传感器数据采集的关键技术

模数转换：许多传感器输出的是模拟信号，为了便于后续基于数字信号的数据处理，需要通过模数转换器（ADC）将模拟信号转化为数字信号。压力传感器的 ADC 模块如图 6-8 所示。

图 6-8　压力传感器的 ADC 模块

无线传感器网络：用于连接多个传感器节点，实现大范围、分布式的实时数据采集和监控，常见的通信协议包括 ZigBee、LoRa、Wi-Fi 和蓝牙。

传感器融合：结合多种传感器的数据，提高测量精度和可靠性。例如，温度传感器和湿度传感器的联合使用可以更准确地反映环境条件。

低功耗设计：在一些供电困难的场景，如远程监测或电池供电设备中，传感器的低功耗设计至关重要，以延长系统的工作时间。

（4）传感器数据采集的应用案例

智能工厂：在智能制造中，传感器数据采集实现了对生产过程的实时监控和优化，如通过温度传感器和压力传感器的实时监测,人们可以及时调整生产参数,提高生产效率。

设备预测性维护:利用振动、温度、压力等传感器采集设备运行数据,通过分析这些数据来预测设备故障,以提前安排维护,避免设备出现故障。

环境监测与控制:传感器广泛应用于工业环境的监测与控制中,如通过气体传感器监测空气质量,通过温湿度传感器调控生产环境,确保产品质量和安全。

能源管理:在工业能源管理中,传感器用于监测和控制电力、气体、液体的使用情况,帮助优化能源消耗,提高能源利用效率。

传感器的应用如图 6-9 所示。

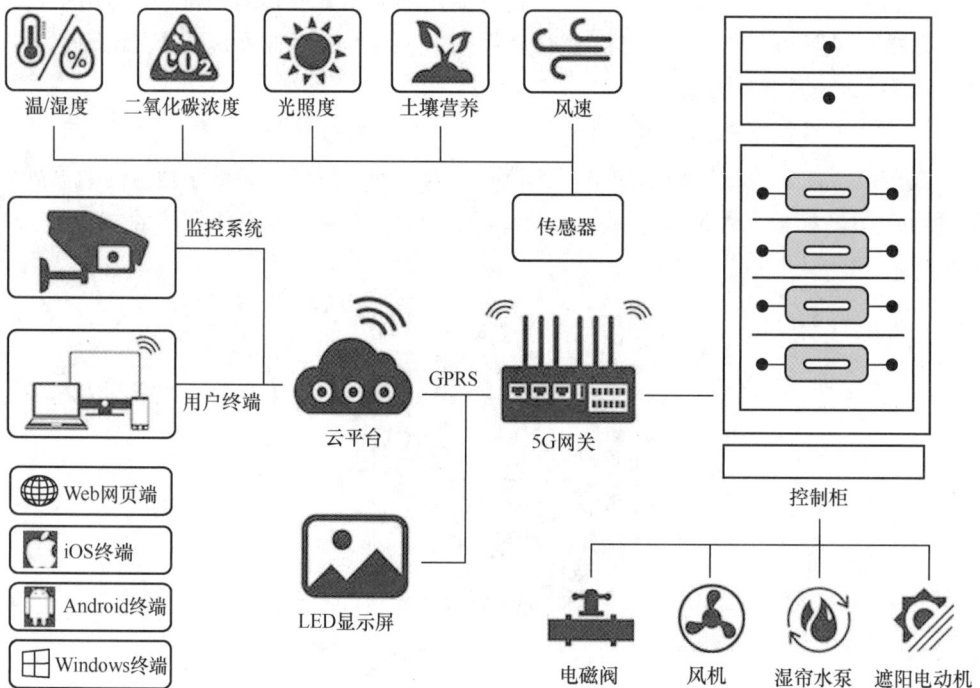

图 6-9 传感器的应用

在工业物联网中,传感器数据采集是实现智能化制造和管理的基础。通过传感器,工业系统能够实时感知物理环境的各种变化,并将这些信息传递到网络层和应用层进行处理和分析。传感器技术的进步,以及在数据采集中的广泛应用,使得工业生产过程变得更加智能、高效和安全。随着传感器技术的进一步发展,未来工业物联网中的数据采集将更加精准、可靠,为工业自动化和智能化提供更强大的支持。

3. 条码 / 二维码技术

条码和二维码是常用的自动识别和数据采集技术。它们广泛应用于生产、物流、仓储、质量控制等领域,帮助企业实现高效、精准的数据管理和流程优化。

条码是一维编码技术,由不同宽度的黑白条纹组成,通过条形图案表示数据,常用于表示产品编号、批次号等简单信息。

二维码是一种二维编码技术，由黑白矩阵构成，能够存储更多信息，如产品信息、网址、文本等。常见的二维码格式包括 QR 码和 DataMatrix 码。

工业生产中的条码和二维码如图 6-10 所示。

图 6-10　工业生产中的条码/二维码

（1）条码和二维码数据采集的基本流程

编码生成：在生产或物流环节，根据需要将产品或物品信息编码成条码或二维码。这些编码信息包括产品 ID、批次号、生产日期、供应商信息等。

标签印刷与粘贴：生成的条码或二维码通常以标签形式印刷，并附着在产品包装、部件、仓储箱或设备上，便于后续的扫描和识别。

扫描与识别：使用条码/二维码扫描器或具有识别功能的移动设备（如智能手机或工业平板计算机）扫描条码或二维码。扫描器通过发射光线照射条码/二维码，并接收反射光线，将光学信号转化为电信号。

数据解码与传输：扫描器将采集到的电信号传输到解码模块，将条码或二维码中的编码信息解析为可读数据，并传输到中央系统或云端进行处理。

（2）条码和二维码在工业物联网中的应用

生产线追踪：在制造业中，条码和二维码用于追踪产品在生产线上的各个环节。每个工件或产品在进入不同的加工阶段时，扫描其编码，可以记录生产状态、工艺参数和质量信息，以便后续追踪。

物流与供应链管理：条码和二维码广泛应用于物流与供应链管理中，用于标识货物、跟踪运输路径、管理库存等。例如，在仓库管理中，扫描货物上的条码或二维码，可以快速获取其位置信息、库存数量和出入库记录。

质量控制：在质量控制环节，通过扫描产品上的条码或二维码，可以获取其生产批次、检验记录等信息，帮助企业快速查找并隔离存在质量问题的产品，追溯问题根源。

设备维护：设备上的条码或二维码可以存储设备的型号、生产日期、维护记录等信息。在设备需要维护或维修时，扫描其二维码即可调出相关数据，便于技术人员使用。

资产管理：工业企业中的固定资产、工具和设备可以通过条码或二维码标识，进行精确的资产管理和盘点。定期扫描条码或二维码，更新资产状态，可减少资产流失或错用的风险。

（3）条码/二维码数据采集的优势

成本低：与 RFID 等技术相比，条码和二维码的生成和使用成本较低，非常适合大规模应用，特别是一次性使用场景。

易于部署：条码和二维码技术成熟，相关设备（如扫描器和打印机）成本低，操作简便，易于集成到现有的工业系统中。

兼容性强：条码和二维码是全球通用的标准，具有良好的兼容性和互操作性，适用于不同的设备和系统。

信息量可扩展：相比于传统的一维条码，二维码能够存储更多的信息，支持更复杂的应用场景。

识读速度快：条码和二维码的扫描和识别速度快，能够提高数据采集的效率，适用于快速流转和大批量处理的场合。

在工业物联网中，条码和二维码技术为数据采集提供了高效、可靠和低成本的解决方案。它们广泛应用于生产线、物流、仓储、质量控制和资产管理等领域，通过自动化的数据采集和处理来帮助企业提高运营效率、降低错误率和实现精细化管理。尽管条码和二维码技术面临一些局限性，但简单易用的特点使其在工业物联网中仍然具有重要的应用价值。随着技术的进步，条码和二维码技术将进一步与其他数据采集技术（如 RFID、传感器等）结合，构建更加智能化和高效的工业物联网系统。

6.4 实验过程

本实验为物联网数据采集实验，实验通过登录一物一码系统来完成（读者可结合自身情况选择类似系统）。首先在一物一码系统注册生成二维码。并使用生成的二维码对工业设备进行标识，追踪设备的生命周期。二维码是工业物联网中最常用的数据采集方式。本实验帮助读者掌握二维码的使用，以及加深对物联网数据采集的理解。下面是一物一码系统的操作步骤。这里的一物一码系统是一类系统的统称，具体操作将展示对应系统。

6.4.1 一物一码系统登录

打开溯源防伪系统地址，输入用户名和密码，如图 6-11 所示。

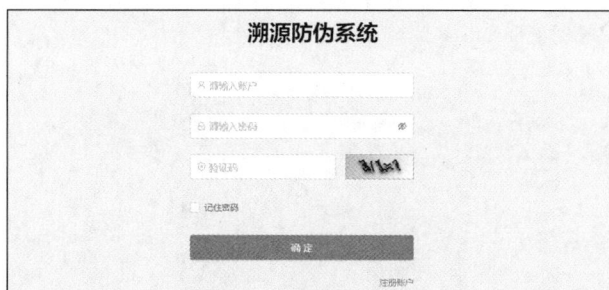

图 6-11　一物一码系统登录

登录成功后，进入系统主页，如图 6-12 所示。

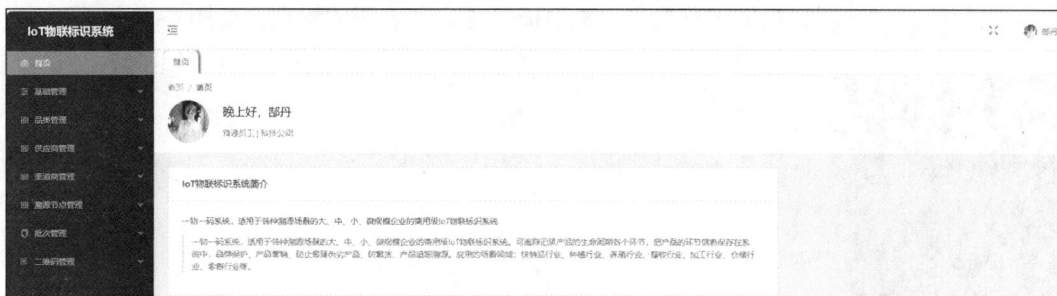

图 6-12　一物一码系统主页

6.4.2　系统功能介绍

IoT 物联标识系统功能包括基础管理、品类管理、供应商管理、渠道商管理、溯源节点管理、批次管理、二维码管理等，如图 6-13 所示。

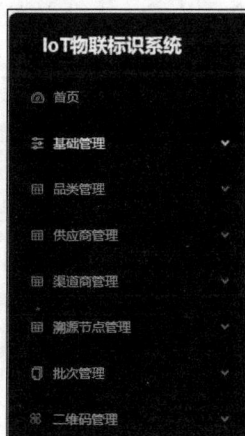

图 6-13　系统功能

基础管理包括品类、供应商、渠道商、溯源节点等目录管理，其中的品类目录管理如图 6-14 所示。

图 6-14　品类目录管理

供应商目录管理包括供应商编码、渠道商名称、状态等的管理，如图 6-15 所示。

图 6-15　供应商目录管理

渠道商目录管理包括渠道商编码、名称、状态等的管理，如图 6-16 所示。

图 6-16　渠道商目录管理

溯源节点目录管理如图 6-17 所示。

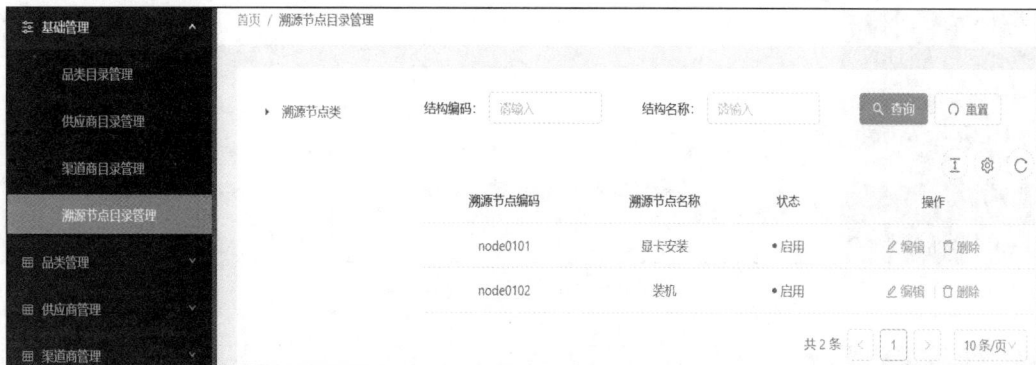

图 6-17 溯源节点目录管理

品类管理包括品类目录编号、品类目录、品类编码、品类名称、创建人、创建时间等的管理，如图 6-18 所示。

图 6-18 品类管理

供应商管理包括供应商目录编号、供应商目录、供应商编码、供应商名称、创建人、创建时间等的管理，如图 6-19 所示。

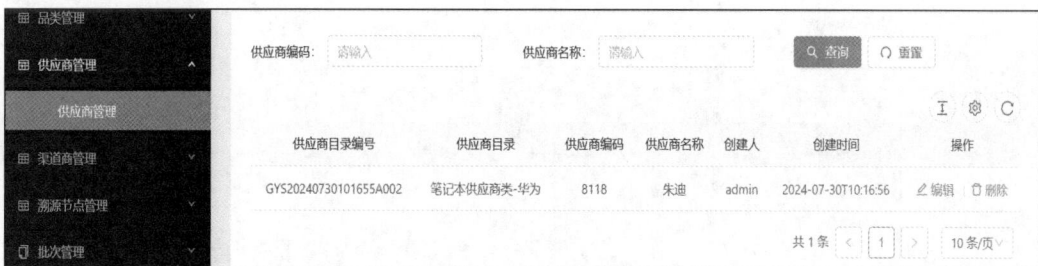

图 6-19 供应商管理

渠道商管理包括渠道商目录编号、渠道商目录、渠道商编码、渠道商名称、创建人、创建时间等的管理，如图 6-20 所示。

溯源节点管理包括溯源节点目录编号、溯源节点目录、溯源节点编码、溯源节点名称、创建人、创建时间等的管理，如图 6-21 所示。

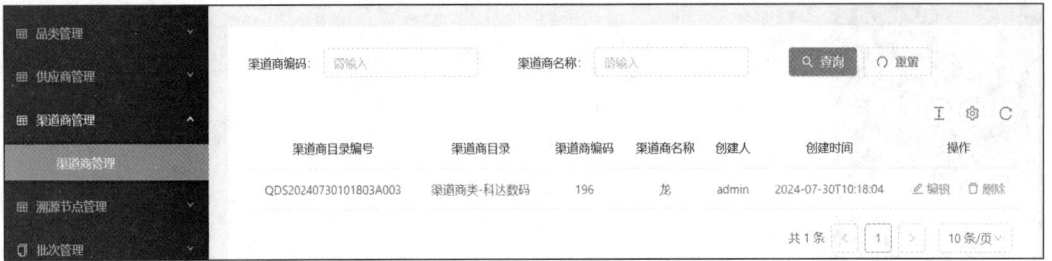

图 6-20   渠道商管理

图 6-21   溯源节点管理

6.4.3   编码申请与查询

首先选择 IoT 物联标识系统功能中的批次管理（如图 6-12 左侧所示），进行批次管理配置，如图 6-22 所示。

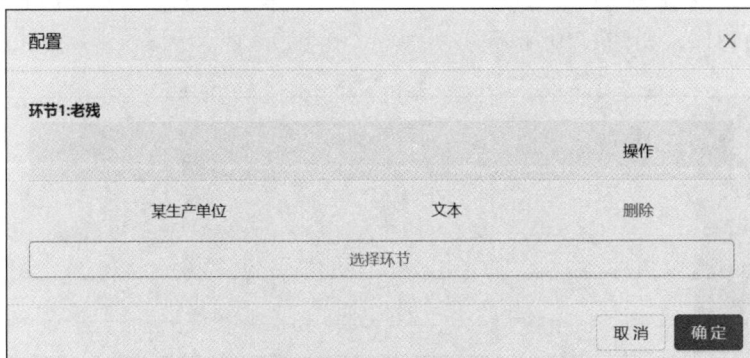

图 6-22   批次管理配置

然后根据产品申请唯一的编码（即生码），如图 6-23 所示。

申请编码完成之后可以查看申请状态等信息。申请通过后即可得到图 6-24 所示界面。

二维码生成之后，就可以下载对应的编码。当然也可以单击预览，查看生成的二维码，如图 6-25 所示。

图 6-23　申请编码

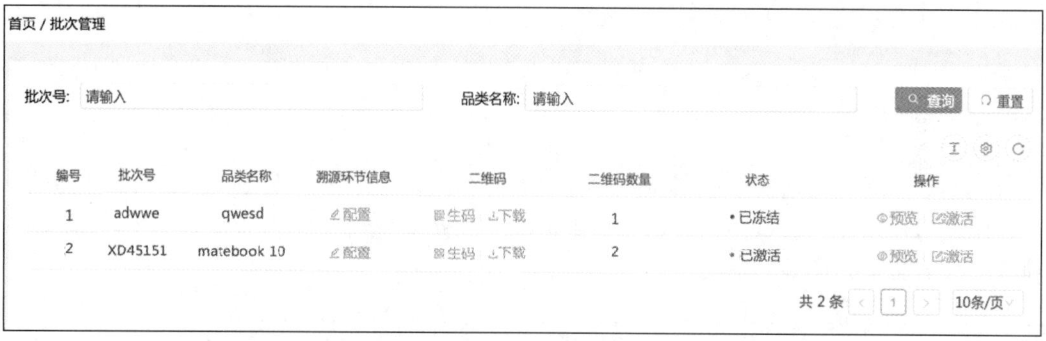

图 6-24　申请编码查询

图 6-25　查询预览

此外还可以对编码进行激活和冻结操作。

6.4.4　生码管理

在二维码管理界面，我们可以查看生码管理，了解编码的品类名称、批次号、码类型、字符长度、字符类型及生成数量等信息，如图 6-26 所示。

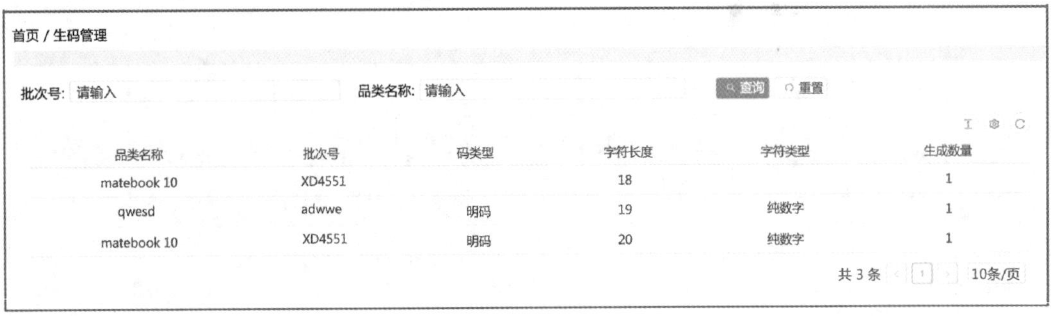

图 6-26　生码管理

在生码记录界面，可以查看更加详细的记录，包括每一个编码的品类名称、批次号、溯源码等信息，如图 6-27 所示。

图 6-27　生码记录查询

6.4.5　溯源防伪查询

在防伪查询记录当中，我们可以查看防伪信息的查询情况，如查询时间、查询地点等。使用手机扫描二维码管理界面中的二维码可以查看详细的扫描记录，示例如图 6-28 所示。

图 6-28 防伪查询记录查询示例

6.5 习题

1. 请简述物联网与工业物联网的关系。
2. 请简述物联网的 3 层结构。
3. 物联网感知层的关键技术有哪些?

项目七 温湿度传感器数据采集

7.1 项目要求

1．理解设备信息收集的基本概念和方法。
2．掌握采集对象数据信息的基本概念。
3．了解工业智能网关选型与配置方法。
4．掌握常用网络连接技术。
5．熟悉传感器数据的存储与查询方法。

7.2 学习目标

1．能够识别和分析不同类型的设备，并选择适合的数据采集方法。
2．能够有效采集并处理多种来源的数据，保障数据的完整性和准确性。
3．能够根据实际需求选择和配置合适的工业智能网关，保证设备之间的高效通信和数据交换。
4．能够根据具体场景需求，选择和应用合适的网络连接技术，确保数据的可靠传输和安全。
5．能够设计和实施有效的传感器数据存储方案，并能够快速、准确地查询所需数据，支持实时监控和历史数据分析。

7.3 相关知识

7.3.1 设备信息采集的基本概念和方法

设备信息采集是确保系统可靠性和管理效率的关键步骤。通过采集设备的基本信息，系统管理员可以了解每个传感器的配置、位置、生产商信息等，这对于设备维护、故障排除和资源规划都至关重要。

工业数据采集对应工业互联网平台体系框构中的边缘层。通过各类通信手段接入不同设备、系统和产品，采集大范围、深层次的工业数据，以及异构数据的协议转换与边缘处理，来构建工业互联网平台的数据基础。

设备的基本信息通常包括以下几个方面。

设备标识信息：是每个设备唯一的标识符，如序列号、MAC 地址等。

设备配置信息：硬件配置、软件版本、参数设置等。

设备运行状态信息：实时状态、健康状况、性能指标等。

生产商信息：设备制造商、供应商等的联系信息。

目前，采集设备信息的基本方法有以下 4 种。

手动记录：最基础的收集方式，适用于小规模系统或少量设备。

自动扫描工具：用于自动快速识别和采集网络中连接设备的信息。

远程监控与管理系统：利用网络管理协议（如 SNMP）实现远程采集设备信息，如实时状态和配置信息。

数据采集设备：部署专用设备或智能网关来集中采集和处理设备信息。

在实际的工程项目中，对设备信息进行采集的实施步骤如下。

步骤 1：设定采集目标和需求，确定需要采集哪些设备信息及采集的频率和精度要求。

步骤 2：部署数据采集设备，选择合适的数据采集设备或智能网关，配置网络和安全设置。

步骤 3：设定数据存储与备份策略，选择合适的数据存储方式（如数据库、云服务），确保数据的安全和可靠存储。

步骤 4：实施和监控，确保设备信息采集系统的稳定运行，并定期监控和维护。

7.3.2　采集对象数据信息的基本概念

数据采集是工业物联网系统中的核心任务，它确保了实时数据的可用性和准确性，为后续的数据分析和决策提供支持。工业数据主要来自于机器设备数据、工业信息化数据和产业链相关数据。采集的数据对象类型包括以下方面。

- 机器设备数据：包括机器的运行状态、性能参数、故障信息等。
- 传感器数据：来自不同传感器的数据，用于监测环境条件、材料状态或机器健康。
- 生产过程数据：生产过程中产生的数据，如生产量、生产效率、质量控制数据等。
- 能源消耗数据：监测能源的使用情况，如电力、水、气等。
- 物流数据：物流过程中的数据，如库存水平、物料流动、配送效率等。
- 设备维护数据：有关设备维护活动的数据，如维修记录、预防性维护计划等。
- 人机界面数据：操作员与机器交互的数据，包括设置参数等操作记录。
- 环境数据：工厂环境相关的数据，如空气质量、光照强度、噪声水平等。

- 产业链相关数据：涉及供应链和销售链的数据，如原材料供应、产品需求预测、客户反馈等。
- 安全监控数据：确保生产安全的数据，如安全事件记录、警报系统的状态等。

1. 数据类别

工业数据根据产生的来源可以进一步细分为感知数据、文档数据、信息化数据、接口数据、图像数据、音频数据、视频数据及其他数据。

感知数据：光电、热敏、气敏、力敏、磁敏、声敏、湿敏等不同类别的工业传感器在生产活动中产生的大量数字或模拟数据。感知数据的特点是每条数据内容很少，但是频率极高。

文档数据：工程图纸（如图 7-1 所示）、仿真数据、CAD 模型、传统工程文档等数据。图 7-2 展示了 CAD 软件界面。

图 7-1　工程图纸

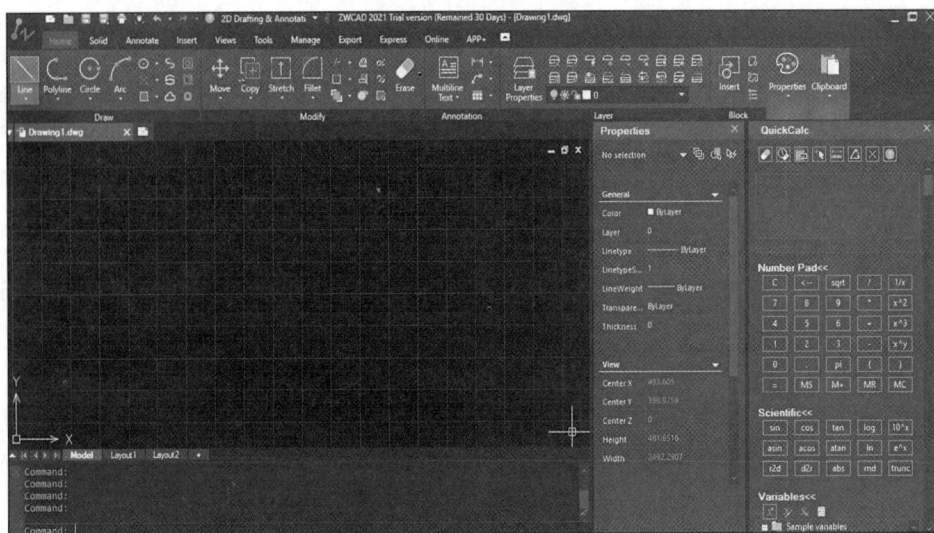

图 7-2　CAD 软件界面示例

信息化数据：由工业信息系统产生的数据，一般是通过数据库形式存储的。如图 7-3 所示的商务智能系统设计流程，从 ERP、CRM、SQL 等各种形式的数据库管理系统保存的数据，经过相应的数据有效性验证、数据清洗、数据转换、数据集成、数据加载等处理手段，形成数据仓库，最后通过商务智能做进一步的联机分析处理（online analytical processing，OLAP）、数据可视化、数据挖掘及分析报告。

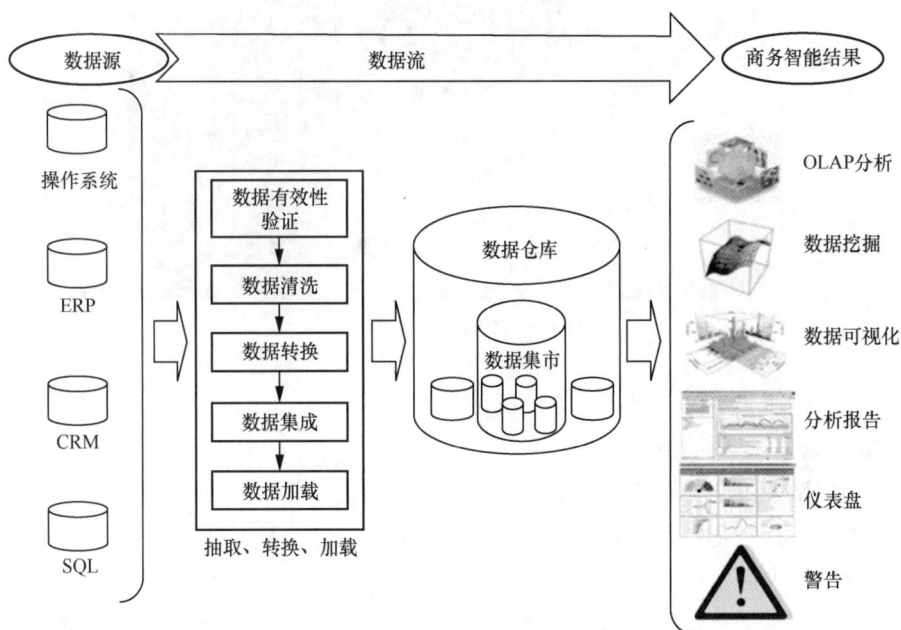

图 7-3 商务智能系统设计流程

接口数据：由已经建成的工业自动化或信息系统提供的接口类型的数据，包括 TXT、CSV、JSON、XML 等格式数据。

图像数据：工业现场各类图像设备拍摄的图片。例如，巡检人员用手持设备拍摄的设备、环境信息图片。

音频数据：指语音信息（如操作人员的通话、设备运转的音量等），其示意如图 7-4 所示。

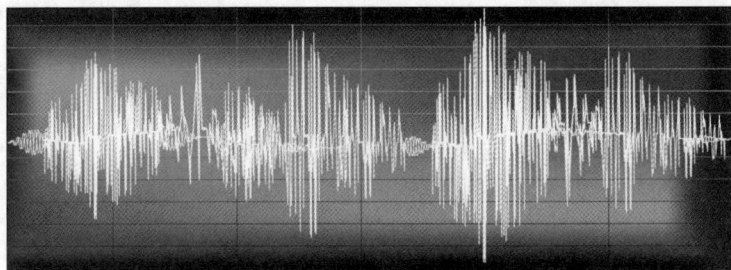

图 7-4 语音示意

视频数据：工业现场会有很多视频监控设备，如图 7-5 所示，这些设备会产生大量的视频数据。

图 7-5　视频数据采集设备

其他数据：遥感遥测信息、三维高程信息等。

2．数据采集频率与精度

在进行数据采集之前，需要提前设置好数据采集的频率和精度。

数据的采集频率是指数据更新的速度或频率，即每隔多长时间获取一次新数据。频率可以根据应用需求而定，时间单位从秒到小时不等。

数据的精度是指测量结果的准确程度或精确度。精度受到传感器本身技术和环境条件的影响，通常以小数点后的位数表示。

3．数据传输协议

从传感器采集到的数据，需要将其以一定的数据格式，通过相应的通信协议传输到后台进行相应的数据存储与分析，并将其用于各种实际应用，如气象监测、室内环境控制和物联网设备管理等。下面介绍两种传感器通信协议。

（1）Modbus

Modbus 是一种串行通信协议，可以通过串行线路（如 RS-232、EIA-485）或者以太网进行通信，用于在自动化设备（如工业控制系统）之间传输数据。它最初是一种开放的通信协议，现在已成为工业自动化领域中应用最广泛的协议之一，常用于在传感器和数据采集设备之间进行数据交换。

Modbus 使用简单的主从架构，其中一个主站（主设备）与多个从站（从设备）进行通信。支持请求–应答模式，主站发送请求到从站，从站返回响应。Modbus 也支持广播模式，其中主站可以向所有从站发送广播命令。

（2）MQTT

MQTT 是一种轻量级、通信开销小的消息传输协议，设计用于低带宽和不稳定网络环境下的物联网设备通信，常被用于物联网、传感器网络等数据的实时传输和监控。它不同于主从架构，MQTT 采用发布–订阅（publish-subscribe）模式，其中客户端可以作为发布者发布消息到主题（topic），也可以作为订阅者接收感兴趣的主题的消息。这种模型允许解耦消息发送者和接收者之间的时间和空间关系。

MQTT 支持 3 种服务质量（quality of service, QoS）级别：0、1 和 2。

QoS 0：消息最多传输一次，数据可能丢失或重复。

QoS 1：消息至少传输一次，数据可能重复。

QoS 2：确保消息仅传输一次，且确保消息按顺序传输。

MQTT 允许发布者发布保留消息，该消息保留在服务器上，新的订阅者连接后可以立即收到该消息。客户端可以设置遗嘱消息，以便在意外断开连接时通知其他订阅者。

MQTT 基于 TCP/IP 协议族，支持各种网络设备和操作系统。还有基于 WebSockets 的 MQTT 版本（MQTT over WebSockets），允许通过 Web 浏览器实现基于 MQTT 的通信。

7.3.3 工业智能网关选型与配置

网关主要是用来连接两种不同的网络，它能够同时与两边的终端进行通信。但是，两边的终端是不能够直接进行通信的，必须要经过网关才能进行通信。网关工作在应用层。

网关在网络层以上实现网络互连，是最复杂的网络互连设备，仅用于两个高层协议不同的网络互连。它既可以用于广域网互连，也可以用于局域网互连，与网桥只是简单地传达信息不同，网关对收到的信息要重新打包，以适应目的系统的需求。

工业智能网关是一款采用嵌入式硬件的计算机设备，具有多个用于连接设备的下行通信接口（南向接口），一个或者多个用于连接工业互联网平台或采集系统的上行网络接口（北向接口），如图 7-6 所示。工业智能网关通过连接两个或多个异构的网络，使之能够互相通信，实现不同协议之间的数据交互。

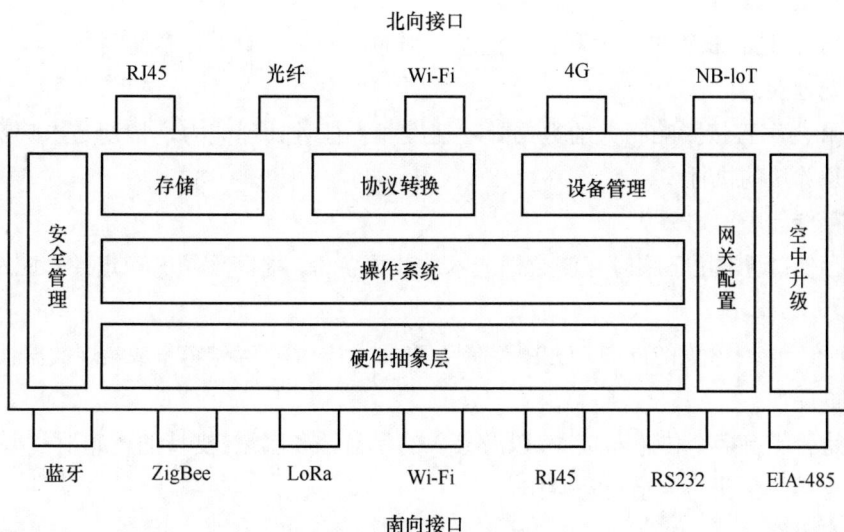

图 7-6 工业智能网关架构

工业智能网关北向连接互联网使用的一般是物联网协议，如 MQTT 等。工业智能网关需要将从设备处获取的数据封装为物联网协议所需的数据封装格式，才能发送到工业互联网平台。此外，针对不同的应用场景，工业智能网关还能有存储功能、安全管理、设备管理、网关配置、空中激活（over the air，OTA）等功能。

工业智能网关的选型和配置对确保数据的安全、高效采集和处理至关重要。

1．工业智能网关的选型

以下是 5 种常见的数据采集网关类型。

Modbus TCP 网关。用于连接 Modbus RTU/ASCII 设备到 TCP/IP 网络，实现远程监控和控制，如 Moxa MGate MB3000 系列、Advantech BB-485ADAP 等网关。

OPC UA 网关：将不同的自动化设备（如 PLC、传感器等）通过 OPC UA 协议接入工业物联网平台，如 Softing edgeConnector 系列、Anybus OPC UA 系列等网关。

IoT Hub/Edge 网关：用于连接物联网设备到云平台或边缘计算节点，处理和分析设备生成的数据，如 Microsoft Azure IoT Edge、AWS IoT Greengrass 等网关。

MQTT 网关：用于连接传统设备到 MQTT 消息代理，实现轻量级的设备间通信和数据发布订阅，如 HiveMQ MQTT、Eclipse Kura 等网关。

LoRaWAN 网关：用于连接低功耗广域网（LPWAN）设备到 LoRaWAN，传输设备数据到云平台，如 The Things Industries 网关、Semtech LoRa Basics™ Gateway 等。

工业智能网关选型拓展的重要考虑因素还包括以下几种。

（1）支持的通信协议

以太网：提供稳定和高带宽的有线连接，适合工业环境长距离传输和稳定性要求高的场景。

Wi-Fi：提供灵活性和便捷性，适合局部或移动设备，但可能在信号干扰或安全性要求高的场所受到限制。

EIA-485：适合长距离传输和抗干扰能力强的场景，常用于传感器网络。

（2）处理能力

CPU 和内存直接影响网关的数据处理速度和多任务处理能力，特别是影响实时数据处理和复杂算法的执行。

（3）存储能力

内置存储：通常用于临时存储数据或本地数据备份，提高系统的稳定性和应对网络中断的能力。

外部存储支持：例如 SD 卡、USB 存储设备等，用于扩展存储容量或实现数据长期存储。

（4）扩展性

网关是否支持多个传感器接入，以及接入的灵活性和容量；支持的传感器类型和数量，是否能够与不同企业的传感器互操作。

（5）安全性

数据加密：确保数据在传输和存储时的安全性，防止数据泄露或篡改。

访问控制：配置合适的用户权限和访问控制策略，防止未授权访问网关和相关数据。

2．网关的配置方法

针对以上介绍的 5 种常见网关的类型，可以参考以下方法进行参数的配置。

（1）Modbus TCP 网关

IP 地址和端口设置：为 Modbus TCP 网关分配一个唯一的 IP 地址，并设置监听端口（通常是 502 端口）。

Modbus 从站地址设置：配置 Modbus RTU/ASCII 设备的从站地址，确保网关能够正确识别和通信。

协议转换设置：设置从 Modbus RTU/ASCII 到 Modbus TCP 的协议转换参数，如波特率、数据位、停止位等。

（2）OPC UA 网关

OPC UA 服务器地址和端口设置：配置连接到的目标 OPC UA 服务器的地址和端口。

节点映射设置：定义设备数据在 OPC UA 服务器中的节点映射，确保数据能被正确地发布到 OPC UA。

安全设置：配置安全策略，如证书管理、安全传输协议等，以确保通信安全。

（3）IoT Hub/Edge 网关

连接到云服务：配置连接到特定云平台的认证信息，如设备 ID、令牌或证书。

数据路由和处理规则设置：设置网关上的数据处理逻辑，如过滤数据、本地存储、数据转发等。

边缘计算设置：对于边缘计算网关，配置本地运行的计算和分析模块，以减少云端负载和实现低时延处理。

（4）MQTT 网关

MQTT 代理地址和端口设置：配置连接到的 MQTT 代理的地址和端口。

主题订阅和发布设置：定义网关订阅的 MQTT 主题和发布数据的主题，确保正确的消息传递。

QoS 设置：配置消息的服务质量等级，以确保消息传递的可靠性和保证交付。

（5）LoRaWAN 网关

频率和信道设置：配置 LoRaWAN 网关监听的频率和信道，确保与设备通信的兼容性。

接入服务器配置：定义连接到的 LoRaWAN 接入服务器的地址和认证信息。

安全密钥管理：配置网关与终端设备之间的安全通信密钥，确保数据传输的保密性和完整性。

网关的配置拓展还包括以下几种。

网络参数设置：配置网关的 IP 地址、子网掩码、网关地址等基本网络参数，确保网关与其他设备和服务器的正常通信。

安全设置：配置防火墙规则，限制对网关的访问和传输的数据流量；确保更新最新的安全补丁和固件版本，减少潜在的安全漏洞。

协议配置：配置 MQTT、Modbus、OPC UA 等通信协议，确保网关与传感器及云平台的数据交互正常；设置主题订阅、消息发布规则等，确保数据的有效传输和处理。

数据存储设置：连接到数据库（如 MySQL 等）或云服务（如 AWS、Azure、Google Cloud 等），配置数据存储策略和周期性备份，确保数据可靠性、完整性和快速检索能力。

通过综合考虑这些因素并采取适当的配置步骤，可以确保工业智能网关在复杂的工业环境中稳定运行，并有效地满足数据的采集、处理和管理需求。

7.3.4 常用网络连接

设置好网关选项并进行相应配置后，还需要根据不同的工业应用场景、传感器的类型、数据采集现场的环境等因素设置对应的网络连接方式，以便数据高效、安全地传输。

下面将介绍几种常见网络连接技术及各自具有的特定优势和应用场景。

（1）以太网

以太网是一种高速有线局域网技术，具有高速数据传输、稳定性好、安全性高的优点，通常用于要求高带宽和稳定性的工业控制和数据传输环境，如工业自动化、数据中心、实时监控系统等。

（2）Wi-Fi

Wi-Fi 是一种无线局域网技术，具有便于部署、灵活性高、覆盖范围广的优点，适用于需要灵活部署和移动设备连接的场景，如办公楼、仓库管理、智慧城市中的移动传感器等。

（3）蓝牙

蓝牙是一种短距离无线技术，具有低功耗、成本低、易于配置的优点，适合用于设备之间的点对点通信和连接，如智能家居、健康监测设备、工业设备的本地控制等。

（4）LoRa

LoRa 是一种低功耗广域网技术，专门设计用于低功耗长距离的传输需求，如农业监测、智慧城市基础设施监控、环境监测等。

除了已经提到的常见网络连接方式，工业物联网中还有一些其他连接技术，它们各自具有特定的优势和应用场景，具体如下。

（1）蜂窝网络

蜂窝网络提供的 LTE、4G 和 5G 连接，具备较大的带宽和较高稳定性，适用于需要移动传感器或在偏远地区部署传感器的场景，如远程设备监控、车辆追踪、移动设备数据传输等。

（2）ZigBee

ZigBee 是一种低功耗、近距离无线传输技术，具有低功耗、低成本、自组网能力强的优势，适合大量节点和密集环境。它通常用于家庭自动化和工业控制系统，如智能家居、智能楼宇、工业传感器网络等。

（3）NB-IoT

NB-IoT 是一种为物联网设备设计的低功耗广域网技术，基于蜂窝网络，功耗极低，覆盖范围广，支持大规模设备连接，适用于远程监测、智慧城市、农业传感器等长期运行且不需要高带宽的场景。

（4）Thread

Thread 是一种低功耗、IP 基础的无线网络协议，支持 IPv6，安全性高，适合大规模设备连接，特别适用于家庭自动化、办公环境自动化，如智能家居、灯光控制等。

（5）CAN 总线

CAN 总线是一种用于内部通信和实时数据传输的串行通信协议总线，具有高实时性、抗干扰能力强的特点，常用于车辆和工业控制系统，如汽车电子系统、工业机器人、航空航天系统等。

（6）卫星互联网

卫星互联网采用卫星通信传输数据的方式，实现了通信的全球覆盖，可用于极端环境，如海洋监测、油气勘探、环境监测等需要全球覆盖和远程访问的应用场景。

这些连接方式各自适用于不同的物联网应用场景，选择合适的网络连接方式可以根据需求平衡数据传输速度、覆盖范围、功耗和安全性等因素，从而优化系统的性能和效率。

7.3.5　传感器数据的存储与查询

1. 数据存储

（1）数据库的类型

传感器数据一般会被存储到数据库中，常用的数据库如下。

关系数据库：如 MySQL、PostgreSQL，适用于结构化数据和复杂查询需求。它们提供强大的事务支持和数据完整性，适合于需要频繁更新和复杂查询的应用。

时间序列数据库：如 InfluxDB、TimescaleDB，专门设计用于存储时间序列数据（如传感器数据）。这些数据库优化了时间序列数据的写入和查询性能，支持高效的时间范围查询和聚合操作。

NoSQL 数据库：如 MongoDB、Cassandra，适合于非结构化或半结构化数据，能够处理大量的数据写入和满足高扩展性要求。

（2）数据存储结构

数据在数据库中的存储结构有以下两种。

时间序列数据模型：以时间为主键，存储时间戳和相应的测量值或事件。这种模型有助于快速插入和检索数据。

实时数据流处理：使用流式处理平台（如 Apache Kafka、AWS Kinesis）处理实时数据流，将数据持久化到后端存储系统。

（3）数据保护和备份

数据冗余和备份策略：通过备份、复制和容错机制来防止数据丢失，保障数据的可靠性和持久性。

安全性：采用访问控制、加密和身份验证措施，保护存储在数据库中的数据免受未经授权的访问和恶意攻击。

2．数据查询

传感器数据的查询方法涉及如何从存储系统中有效地检索和分析数据，以支持实时监控、历史数据分析和预测建模等应用。下面介绍几种数据查询方法。

SQL 查询。使用关系数据库时，我们可以通过结构化查询语言（SQL）进行复杂的数据查询和聚合操作。SQL 提供了强大的功能，如条件筛选、排序、分组和连接，适用于需要灵活数据分析和报表生成的场景，例如，SELECT * FROM sensor_data WHERE timestamp >= '2024-07-01 00:00:00' AND timestamp < '2024-07-02 00:00:00'。

API 查询。通过 API 访问数据存储系统，支持自动化和程序化的数据访问。API 查询适合于需要实时数据推送或集成到自动化系统的场景，如实时监控和反应型应用。例如，使用 RESTful API 或 GraphQL 查询传感器数据，并将结果集成到其他应用程序或服务中。

时间序列查询优化。时间序列数据库提供了特定的查询优化，如时间段聚合、滚动时间窗口和数据修剪，以支持大规模时间序列数据的快速查询和分析，例如，SELECT MEAN(value) FROM sensor_data WHERE time >= now() - 1d GROUP BY time(1h)。

7.4 实验过程

本实验采用的照度传感器为某电子科技有限公司出品的 JXBS—3001—GZ，具体使用说明参考本书提供的配套资料。

以下简略介绍实验要点及硬件设备信息。实验数据参考范围如表 7-1 所示，照度传感器如图 7-7 所示，凤凰端子电线如图 7-8 所示，EIA-485 转 USB 模块如图 7-9 所示。

表 7-1　实验数据参考范围

参数名称	参数范围（内容）
直流供电（默认）	12～24 V DC
耗电	≤0.15 W（@12 V DC，25 ℃）
光照强度精度	±5%（25 ℃）
光照强度	0～65535 lx/0～20 万 lx
长期稳定性（光照强度）	≤5%/y
输出信号	EIA-485 输出（Modbus）
工作压力范围	0.9～1.1 atm

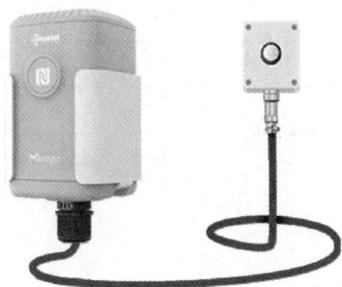

图 7-7　照度传感器

图 7-8　凤凰端子电线

(a) 外形

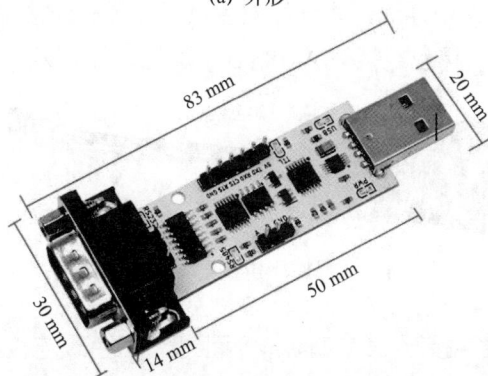

(b) 内部尺寸

图 7-9　EIA-485 转 USB 模块

　　照度传感器对波长为 580 nm 左右的光最为敏感，最适宜的工作温度大约为 20 ℃，但对光照角度比较敏感，垂直直射的光测量效果最佳。

　　照度传感器接线线序如表 7-2 所示。

表 7-2　电线颜色与设备接口对应表

线色	说明
棕色	电源正极
黑色	电源负极

线色	说明
黄色/灰色	EIA-485 A
蓝色	EIA-485 B

注：接错线可能导致设备烧毁。

实验接线示意如图 7-10 所示。

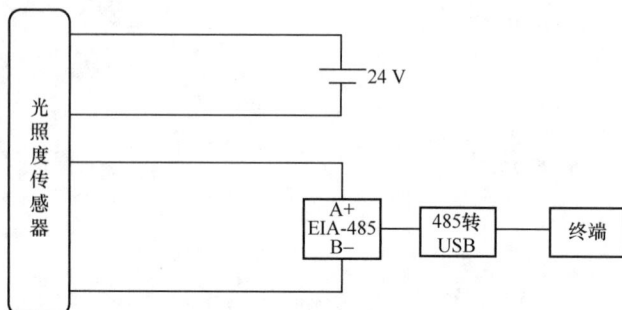

图 7-10　实验接线示意

实验具体操作步骤如下。

步骤 1：接线。按照说明连线，将红黑双色凤凰端子线连接到 EIA-485 转 USB 模块上，红色线接 EIA-485 A，黑色线接 EIA-485 B，如图 7-11 所示。

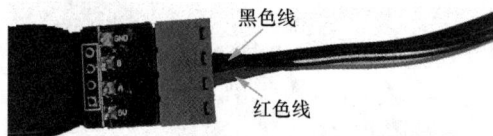

图 7-11　凤凰端子电线与转接口的接线

将照度传感器棕色线连接至 24 V 直流电源正极，黑色线连接至 24 V 直流电源负极，如图 7-12 所示。

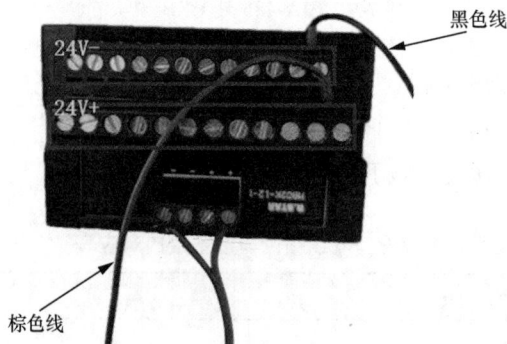

图 7-12　照度传感器与电源正、负极的接线

将照度传感器的黄色线与红色线（EIA-485 A）相连，蓝色线与黑红双色线（EIA-485 B）相连，如图 7-13 所示。

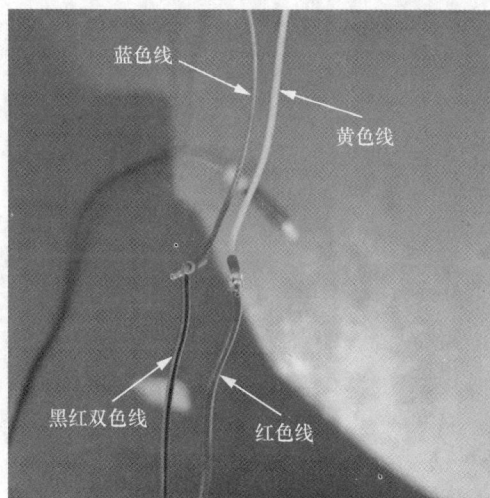

图 7-13　照度传感器与 EIA-485 的接线

将 USB 与终端相连。整体连线如图 7-14 所示。

图 7-14　USB 与终端连接

步骤 2：查询端口号。打开计算机的设备管理器，其界面如图 7-15 所示。

在端口下可查看到端口号为 COM8（不确定是哪个端口时可以通过插拔 USB 进行查看，有变化的端口的端口号即为对应端口号），如图 7-16 所示。

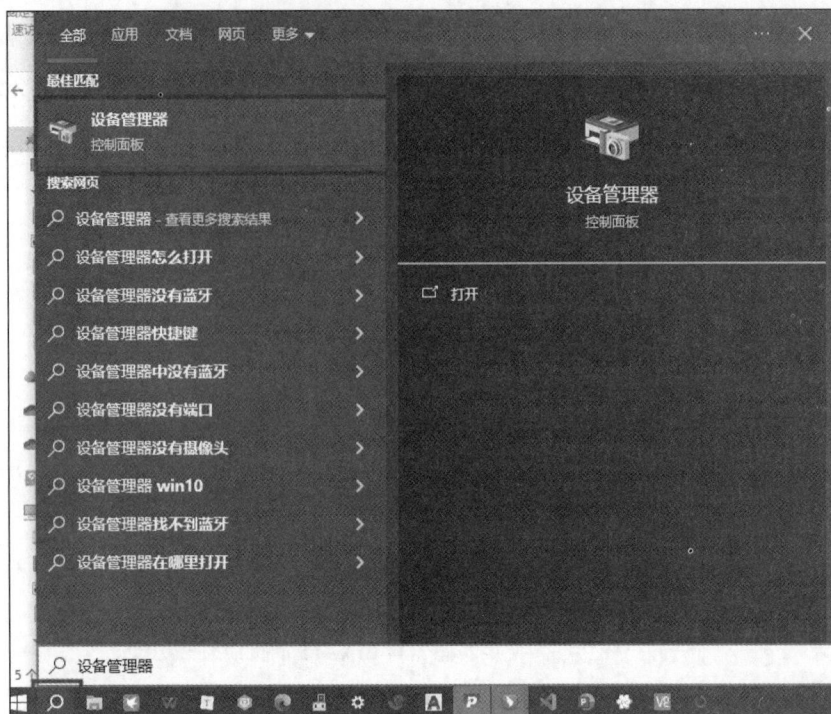

图 7-15　设备管理器界面

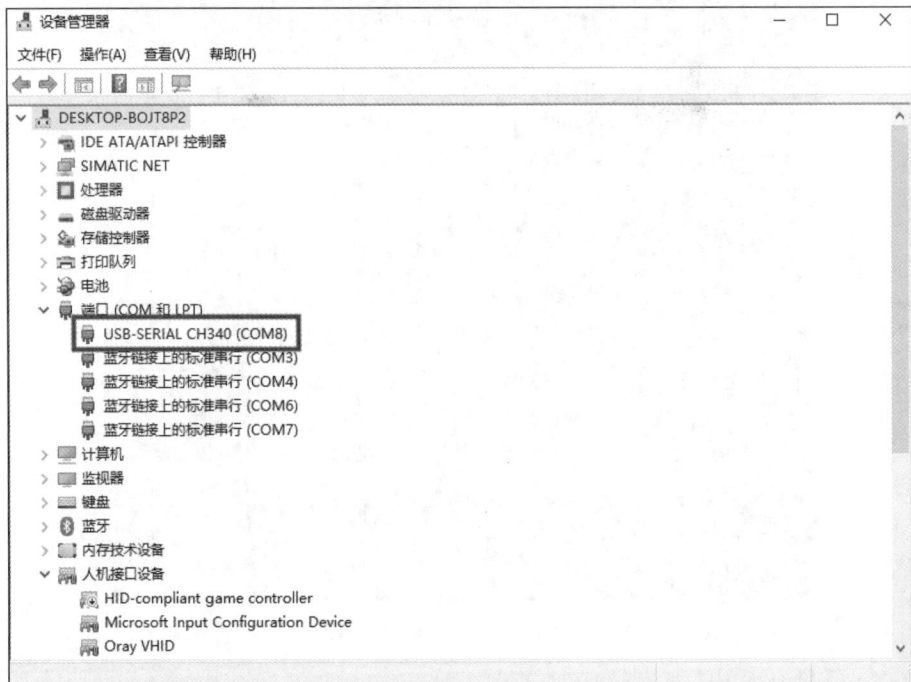

图 7-16　查找到的端口为 COM8

步骤 3：数据展示。双击打开"485 版本上位机.exe"，如图 7-17 所示。

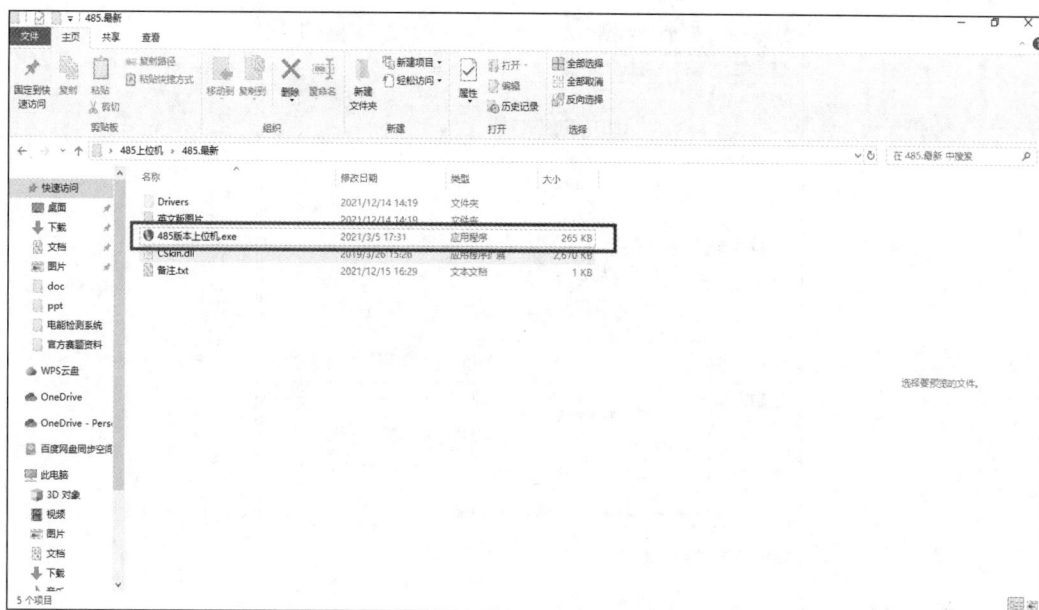

图 7-17　双击"485 版本上位机.exe"

配置传感器类型为光照；配置串口号为 COM8（在设备管理器中查询到的），单击"自动获取当前波特率和地址"按钮，如图 7-18 所示。

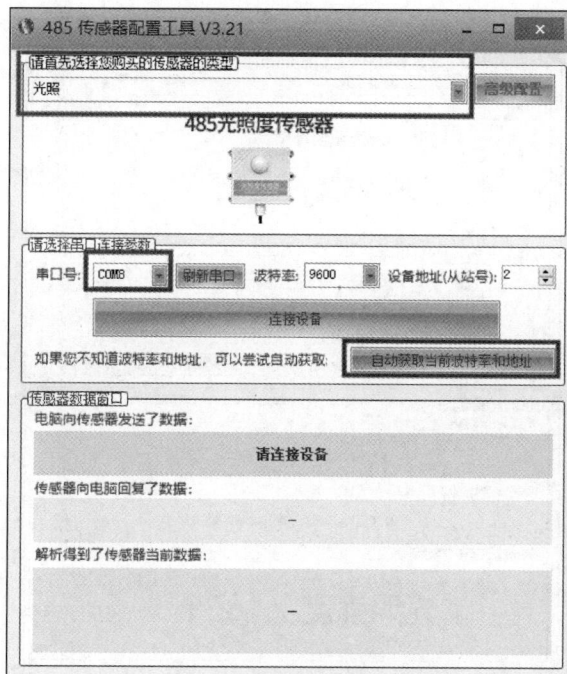

图 7-18　传感器配置

得到波特率与设备地址，如图 7-19 所示。该参数通常也可以在设备说明书中查询到。

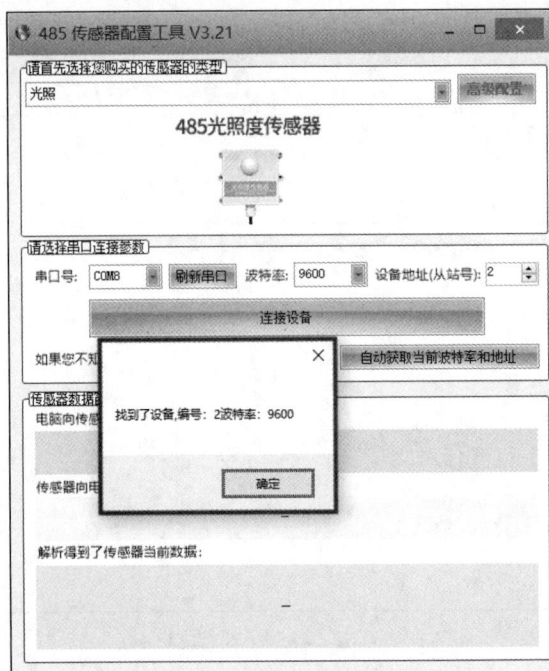

图 7-19　获取波特率和地址

填入正确参数后单击连接设备，设备连接成功，获取到光照度，如图 7-20 所示。

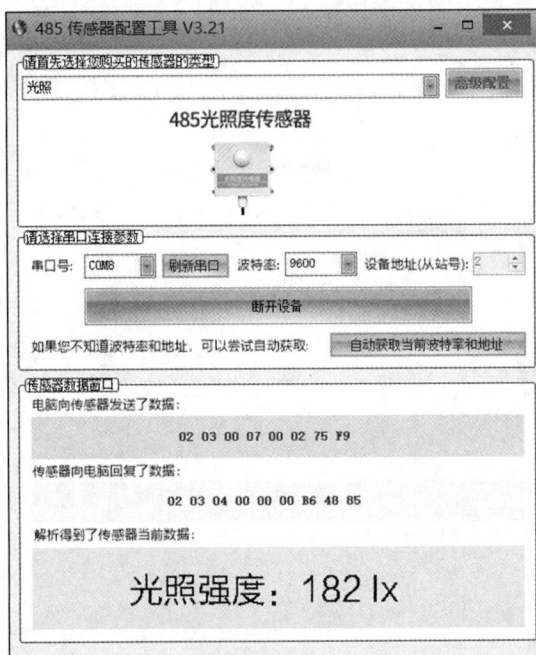

图 7-20　（光）照度传感器成功接收光照强度数据

通过对传感器施加不同光照来感受光照强度变化的界面如图 7-21 所示。

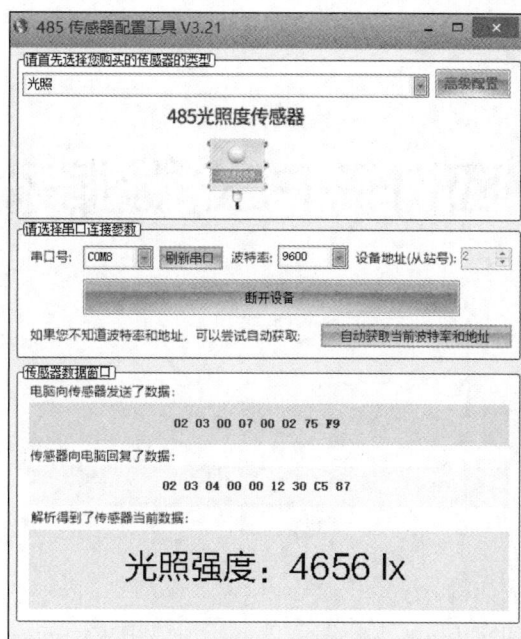

图 7-21　观察光照强度变化界面

　　本实验用（光）照度传感器采集了光照度数据，并通过 EIA-485 转 USB 模块将传感器数据在终端进行展示。

7.5　习题

1. Modbus 和 MQTT 两种协议的区别是什么？
2. 请列举传感器传输数据时常用的网络连接方式。

项目八　西门子 PLC 数据采集

8.1　项目要求

1. 熟悉 PLC 的组成架构。
2. 掌握 PLC 功能和应用。

8.2　学习目标

1. 掌握开关量、模拟量、脉冲量的概念。
2. 掌握 TIA Portal（博图）软件的使用方法。

8.3　相关知识

8.3.1　PLC 设备信息收集的基本概念和方法

PLC 是一种执行数字运算的电子系统，是专为在工业环境的应用而设计的。它采用一类可编程的存储器，用于存储程序，执行逻辑运算、顺序控制、定时、计数与算术操作等面向用户的指令，并通过数字或模拟式输入/输出控制各种类型的机械或生产过程。图 8-1 展示了一款西门子 PLC 设备。

图 8-1　西门子 PLC 设备

PLC 的现场模块选型需根据驱动系统要求配置所需要的 I/O 点数、电源要求、I/O 方式、模块和特殊模块。PLC 组成架构如图 8-2 所示。

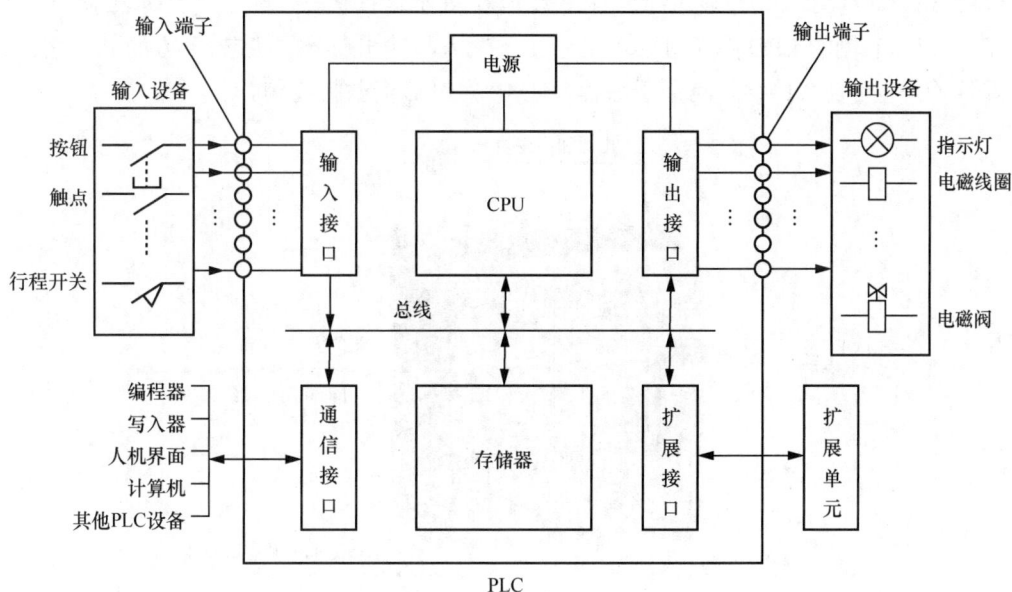

图 8-2 PLC 组成架构

PLC 核心可以分为三部分：输入、CPU、输出。

输入：负责采集与接收数据。

CPU：根据设置好的 PLC 程序，对采集到的数据信息进行逻辑判断、函数计算等运算操作。

输出：将 CPU 的运算结果输出。

PLC 工作流程如图 8-3 所示。

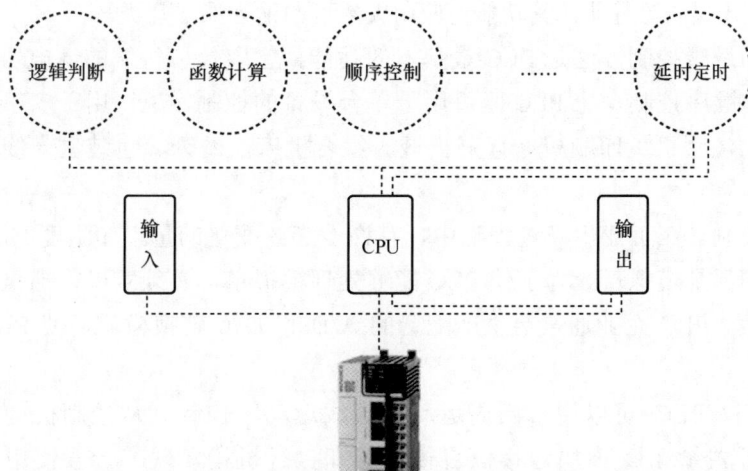

图 8-3 PLC 工作流程

西门子 S7-1200 PLC 的 CPU 如图 8-4 所示。掀开上盖板（①）后可以看到电源和输入接线端子；掀开下盖板后可以看到通信和编程用的 PN 口和输出接线端子。指示 CPU 运行状态的 LED 灯（②）显示绿色时表示 PLC 处于运行状态，显示黄色时表示 PLC 处于停止状态。右侧的 LED 指示灯（③）显示了各输入与输出信号的状态。下方的 PROFINET 连接器（④）可连接网络，常用于编程、HMI 及 PLC 间数据通信。

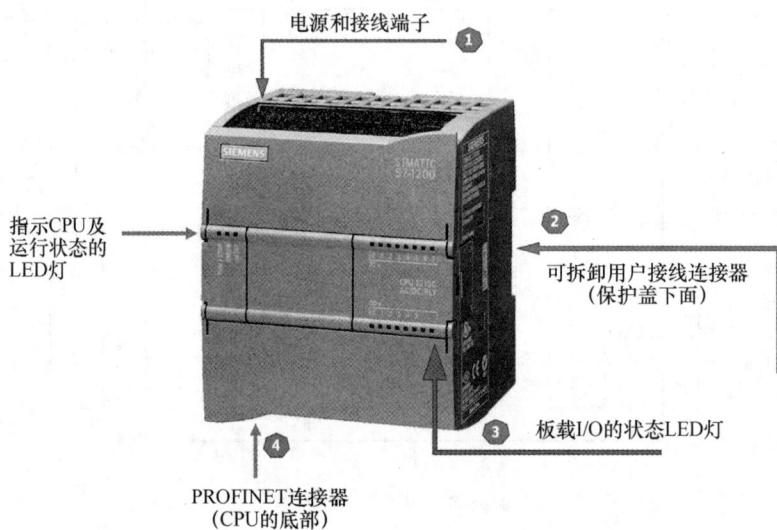

图 8-4　西门子 S7-1200 PLC 的 CPU 模块

8.3.2　采集对象数据信息的基本概念

1．PLC 的功能和应用

PLC 已广泛应用于钢铁、石油、化工、电力、建材、机械制造、汽车、轻纺、交通运输、环保及文化娱乐等行业，其功能与应用大致可归纳为如下几类。

开关量的逻辑控制。这是 PLC 最基本的功能，它取代了传统的继电器电路，实现了逻辑控制、顺序控制，让 PLC 既可用于单台设备的控制，也可用于多机群控及自动化流水线，如注塑机、印刷机、订书机械、组合机床、磨床、包装生产线、电镀流水线等。

模拟量控制。在工业生产过程当中，有许多连续变化的量，如温度、压力、流量、液位、速度等都是模拟量。为了使 PLC 能够处理模拟量，必须实现模拟量和数字量之间的相互转换。PLC 企业通常会生产配套的 A/D 和 D/A 转换模块，使 PLC 用于模拟量控制。

运动控制。PLC 可以用于圆周运动或直线运动的控制。从控制机构配置来说，早期直接用开关量 I/O 模块连接位置传感器和执行机构，现在一般使用专用的运动控制模块，如可驱动步进电动机或伺服电动机的单轴或多轴位置控制模块。世界上主流 PLC 厂家的产品都有运动控制功能，广泛用于各种机械、机床、机器人、电梯等应用。

过程控制。过程控制是指对温度、压力、流量等模拟量的闭环控制。作为工业控制计算机，PLC 能编制各种各样的控制算法程序，完成闭环控制。PID 调节是闭环控制系统中用得较多的调节方法。大、中型 PLC 都有 PID 模块，目前许多小型 PLC 也配有此模块。PID 处理是运行专用的 PID 子程序。过程控制在冶金、化工、热处理、锅炉控制等场合有非常广泛的应用。

数据处理。PLC 具有数学运算（含矩阵运算、函数运算、逻辑运算）、数据传送、数据转换、排序、查表、位操作等功能，可以完成数据的采集、分析及处理。这些数据可以与存储在存储器中的参考值比较，完成一定的控制操作，也可以利用通信功能传送到别的智能装置，或将它们打印制表。数据处理一般用于大型控制系统，如无人控制的柔性制造系统；也可用于过程控制系统，如造纸、冶金、食品工业中的一些大型控制系统。

通信及联网。PLC 通信包含 PLC 间的通信及 PLC 与其他智能设备间的通信。随着计算机控制的发展，工厂自动化网络发展得很快，各 PLC 企业都十分重视 PLC 的通信功能，纷纷推出各自的网络系统。新近生产的 PLC 都具有通信接口，通信非常方便。

2．开关量、模拟量、脉冲量

（1）开关量

开关量也称逻辑量，指仅有两个取值——0 或 1、ON 或 OFF，反映的是状态。

开关量输入功能上主要分为两种：控制指令和信号式开关量输入。

控制指令一般采用"干接点"的形式输入。干接点开关量设备属于无源器件，具有闭合和断开两种状态。常见的干接点设备有行程开关、脚踏开关、旋转开关、按键等，以及继电器、干簧管的输出。这种干接点形式的控制指令也是指令开关的主体形式，是操作人员与机器沟通的主要形式，决定着 PLC 程序执行的方向。

信号式开关量输入是指开关量输入依赖传感器，常见设备有温控开关、压力开关、接近开关等。这种开关量设备与干接点开关量设备的不同体现在以下两方面。

① 容量不同。信号式开关量设备一般由传感器内部晶体管驱动，容量（电流）一般不超过 50 mA，只能直接通过 PLC 进行采集，无法驱动其他电路。而干接点开关量设备的容量较大，可以直接驱动继电器或者接触器线圈。

② 滤波需求不同。干接点开关量的信号一般来自手动操作或者其他机械式触发，需要考虑信号防抖措施，如果通过 PLC 采集，那么可以直接使用输入点的滤波功能。传感器内部具有滤波电路，因而信号式开关量可以不用考虑防抖措施。

对于一般的 PLC 企业来讲，开关量输出具有两种形式：晶体管输出和继电器输出。选择哪种输出形式是电气工程绕不开的一个话题。大家期待着 PLC 的开关量输出既具有继电器型输出的大容量，也能够拥有晶体管输出的高响应和长寿命，但这种期待短期内很难实现，因此不得不面对两种输出形式的选择。

如果成本可以接受、空间允许，那么可以尽量采用晶体管输出。如果需要驱动大电流的设备，则采用中间继电器来实现，这种方式有利于：

- 通过继电器强制手柄调试系统，可以选择将故障定位在继电器之后的硬件电路或 PLC 软件逻辑；
- 继电器损坏后容易更换，不会伤及 PLC；
- 利用继电器的针脚方便实现保护电路。

（2）模拟量

PLC 的模拟量处理实质上是一系列线性转换的过程。模拟量广泛应用于工业控制过程中，石化、钢铁、暖通、农业设施等任何自动化控制都少不了对模拟量的处理。模拟量其实就是模拟自然界各种连续变化的量，如温度、压力、湿度、浓度、转速等，它们的值是连续变化的，不会出现跳跃。而数字量的值是不连续的。以开关量为例，它只有两种值，即 0 和 1，而不会出现 0.1、0.2 等值。

在 PLC 中，A/D 转换即模拟量转换成数字量，但不是转换成开关量的 0 和 1，而是转换成具体的数字，也就是用一连串 0 和 1 表示的二进制数字，如图 8-5 所示。工业中使用较为广泛的是 0～10 V 和 4～20 mA 两种模拟量，其他衍生模拟量如−5～5 V、0～20 mA 等也经常被使用。

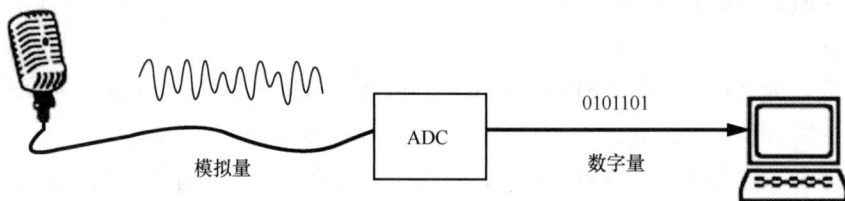

图 8-5　A/D 转换

（3）脉冲量

脉冲量是一种取值总是不断地在 0（低电平）和 1（高电平）之间交替变化的数字量（如瞬间电压或电流由某一值跃变到另一值的信号量），每秒钟脉冲交替变化的次数称为频率。PLC 脉冲量控制主要实现对位置、运动、轨迹等的控制。

8.4　实验过程

8.4.1　先导知识

TIA Portal（博图）软件是西门子公司推出的、面向工业自动化领域的工程软件平台，主要包括以下 3 个部分，如图 8-6 所示。

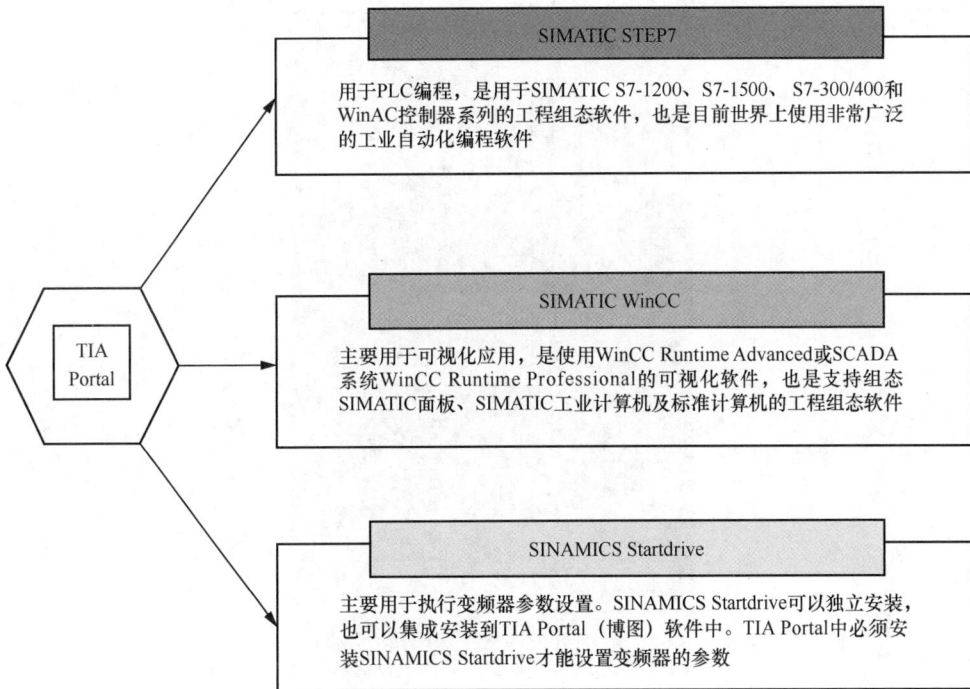

图 8-6　TIA Portal（博图）软件

要安装上述软件，硬件的基本配置应满足表 8-1 中的要求。

表 8-1　TIA Portal（博图）软件对硬件的配置要求

项目	最低配置要求	推荐配置
RAM	8 GB	不少于 16 GB
硬盘	20 GB	固态硬盘（大于 50 GB）
CPU	Intel®Core™i3-6100U，2.30 GHz	Intel®Core™i5-6440EQ（最高 3.4 GHz）
屏幕分辨率	1024 像素×768 像素	1920 像素×1080 像素

8.4.2　西门子 PLC 数据采集实验

PLC 是工业控制的核心设备，在完成工业控制系统电气连接后，我们可以对 PLC 进行编程，通过软件模拟来完成实验功能。本实验中，我们将采用计算机上的 TIA Portal（博图）软件作为数据呈现的方式。

步骤 1：网络网段配置。首先需要将 PLC 中的程序读取到 TIA Portal（博图）软件中，使用网线连接 PLC 与计算机，并配置计算机，使以太网 IP 地址与 PLC 处于同一网段。在图 8-7 所示界面单击"网络和 Internet 设置"选项。

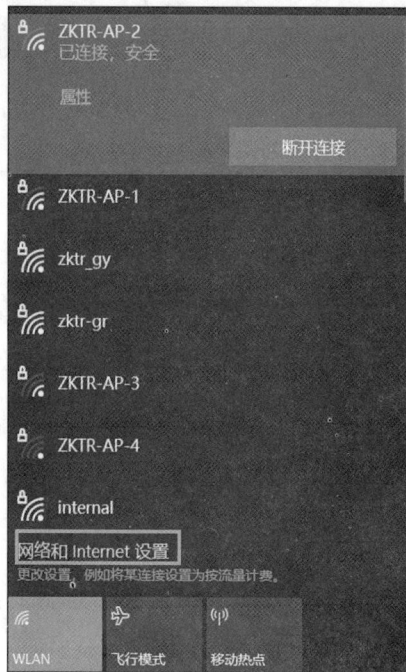

图 8-7　选中"网络和 Internet 设置"

在图 8-8 所示界面中单击"更改适配器选项"。

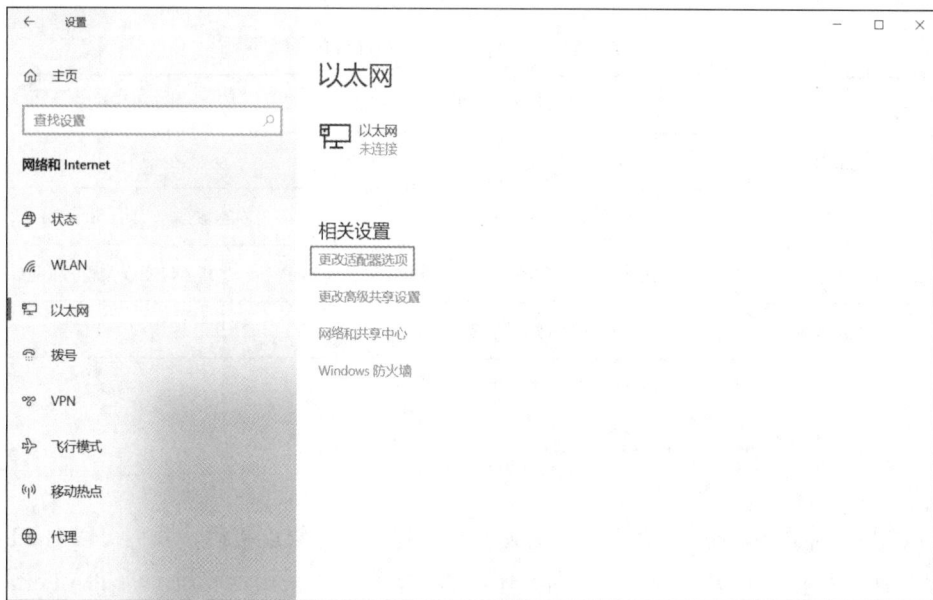

图 8-8　单击"更改适配器选项"

使用鼠标右键单击"以太网"选项，选择快捷菜单中的"属性"选项，如图 8-9 所示。

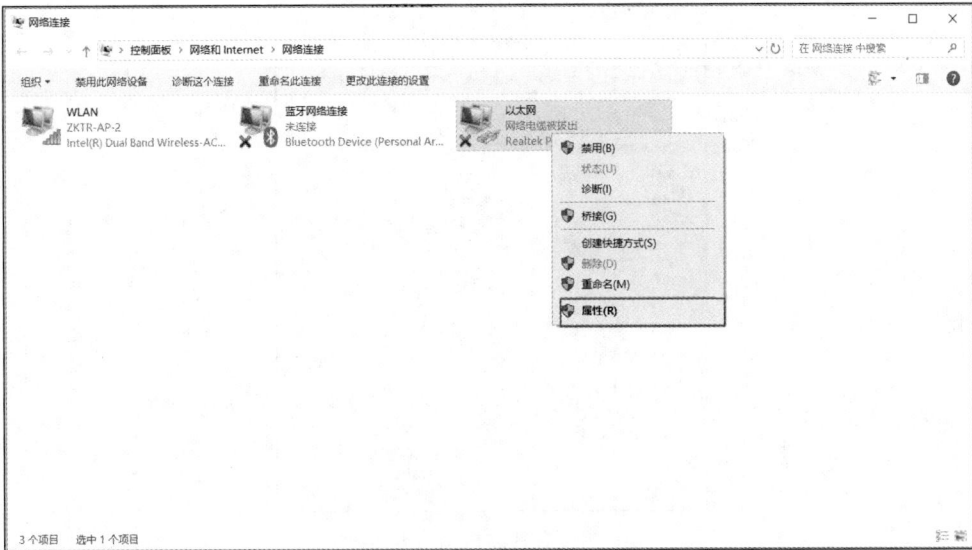

图 8-9　选择"属性"选项

单击"Internet 协议版本 4(TCP/IPv4)"选项，再单击"属性"按钮，如图 8-10 所示。

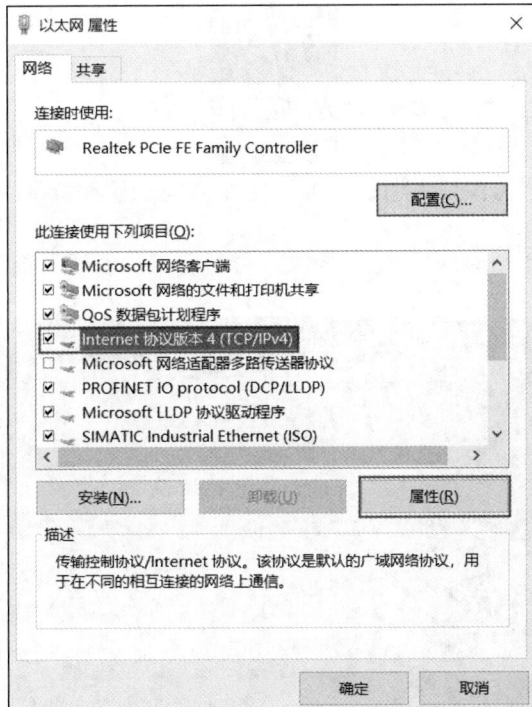

图 8-10　"以太网 属性"界面

将计算机的 IP 地址配置为 192.168.0.x 网段内的 IP 地址，并单击"确定"按钮退出，如图 8-11 所示。

图 8-11　配置计算机网络 IP 的网段

步骤 2：新建项目并导入 PLC 程序。打开 TIA Portal（博图）V16 软件，其图标如图 8-12 所示。

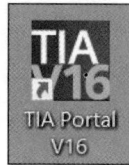

图 8-12　TIA Portal（博图）V16 软件图标

创建新项目"plc 数据监测"，输入相关信息后单击"创建"按钮，如图 8-13 所示。

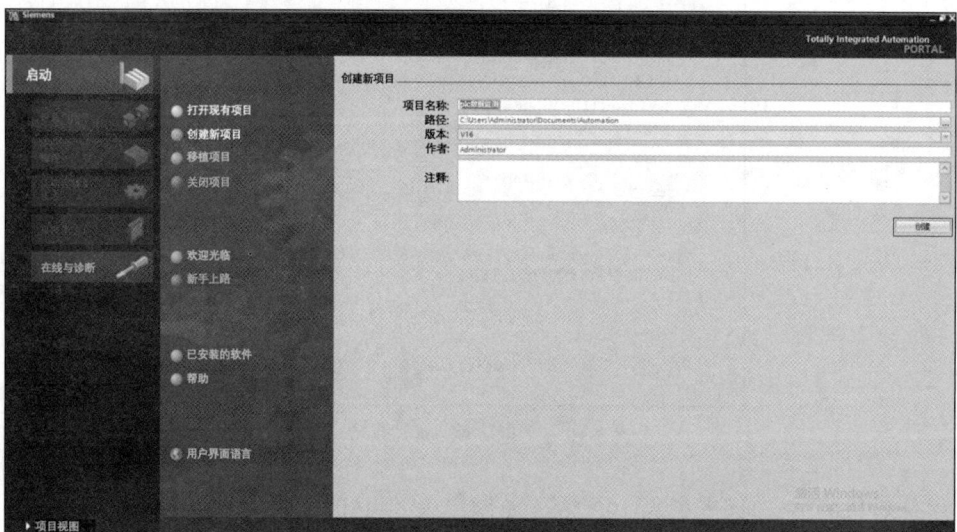

图 8-13　创建新项目

单击"打开项目视图",如图 8-14 所示。

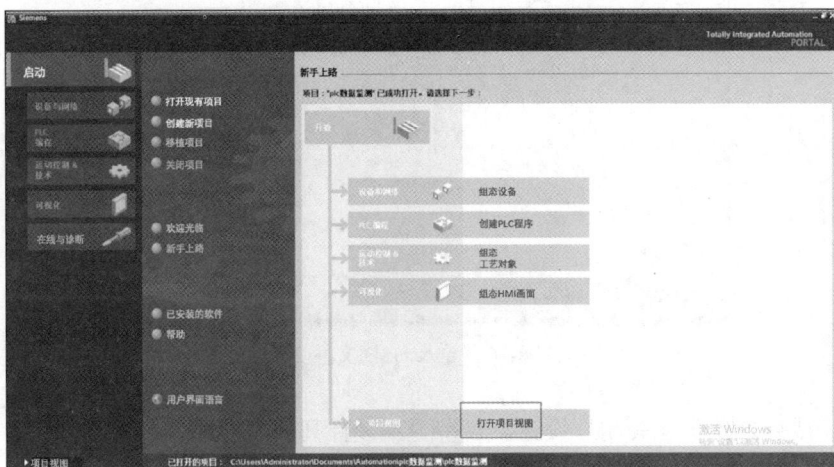

图 8-14 单击"打开项目视图"

上传 PLC 程序之前,需要先确保 PLC 程序中涉及的设备硬件已加入 TIA Portal(博图)软件的硬件设备列表。由于本实验实训台采用的远程 I/O 模块是自行配置的,如果没有加入设备列表,读取 PLC 程序时系统出现无法识别的设备,导致读取失败,因此我们先导入 I/O 模块的 GSD 文件。

依次单击"选项"→"管理通用站描述文件(GSD)",如图 8-15 所示。

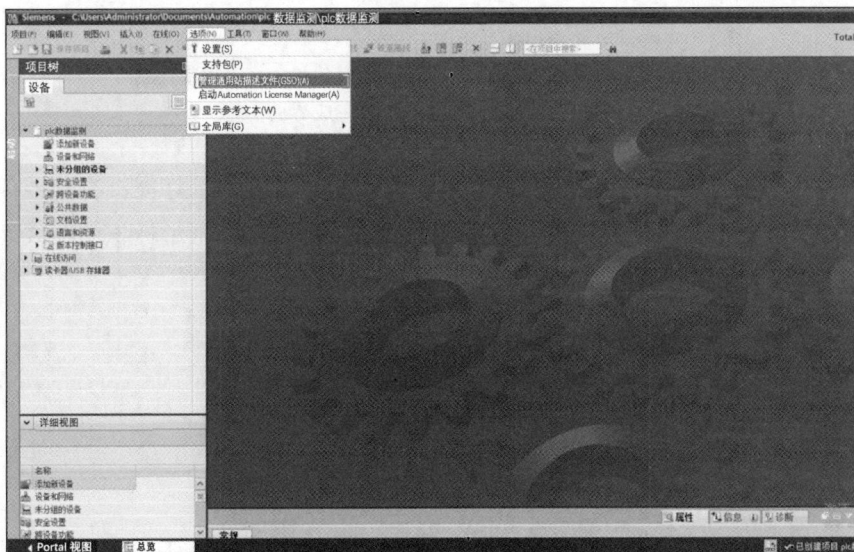

图 8-15 导入 GSD 文件操作 1

在源路径处填入 GSD 文件所在的目录,选择远程 I/O 模块的 GSD 文件,单击"安装"按钮,如图 8-16 所示。

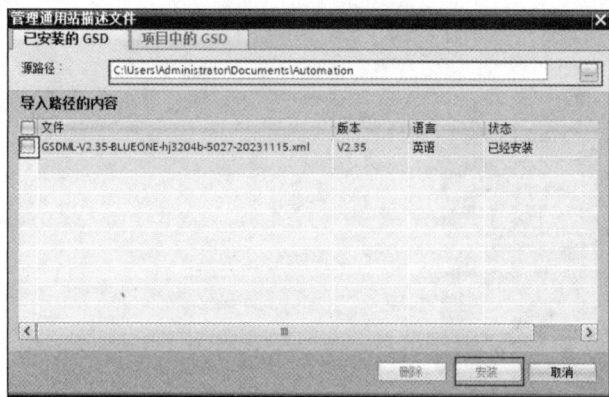

图 8-16　导入 GSD 文件 2

安装完成后，单击"关闭"按钮，等待更新硬件列表，如图 8-17 所示。

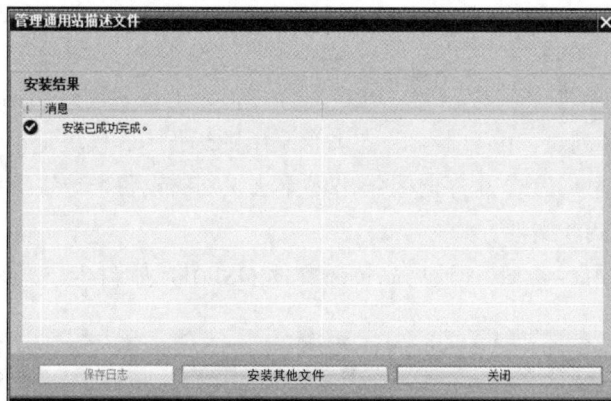

图 8-17　导入 GSD 文件完成界面

步骤 3：读取 PLC 程序。首先确定 PLC 上的网口对应指示灯应该亮起或闪烁，如图 8-18 所示（该图中椭圆形标识的网线连接的设备是计算机，矩形标识的网线连接的设备是交换机）。

图 8-18　PLC 网口接线示例

先选中项目文件夹，再依次单击"在线"→"将设备作为新站上传(硬件和软件)"，如图 8-19 所示。

图 8-19 将设备作为新站上传的操作界面

将 PG/PC 接口的类型配置为 PN/IE，PG/PC 接口选择计算机的网卡，然后单击"开始搜索"按钮，搜索在线设备。之后，选择搜索到的 PLC，并单击"从设备上传"按钮，如图 8-20 所示。

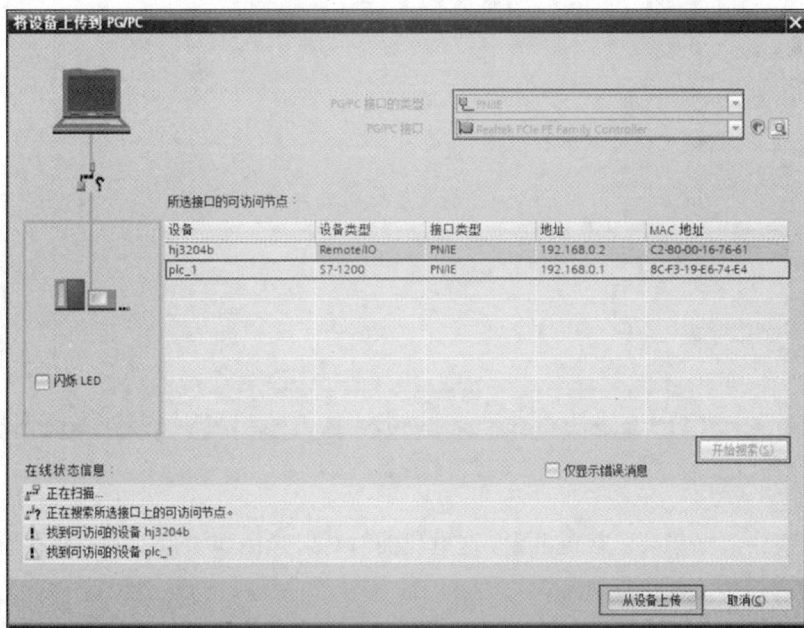

图 8-20 "将设备上传到 PG/PC"界面

等待一段时间，我们在项目树中可以看见已经读取到的 PLC 中的程序，如图 8-21 所示。

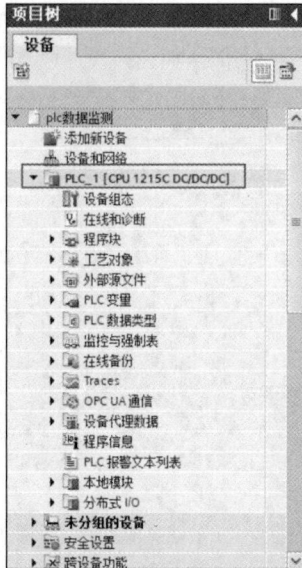

图 8-21　已成功读取 PLC 中的程序

步骤 4：单击"监控与强制表"，创建新的监控表，实现 PLC 数据监测，如图 8-22 所示。

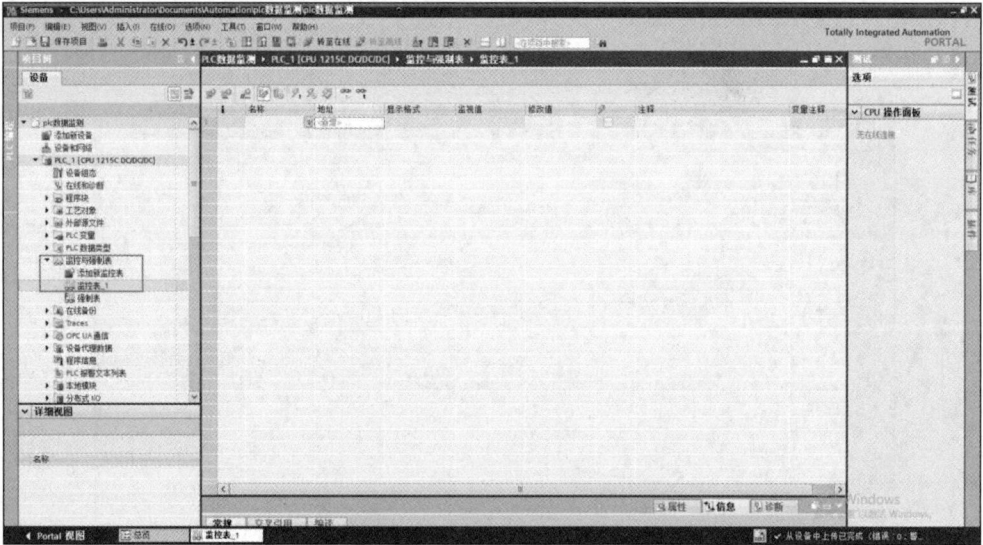

图 8-22　创建新的监控表

在监控表中添加想要监控的变量，这里我们对对射光栅和滑台上的位移传感器以及滑台上的红外测温传感器进行监测。

实训台状态 1：对射光栅中间无遮挡、滑台位于原点位置、红外测温传感器指向实训台，监测效果如图 8-23 所示。

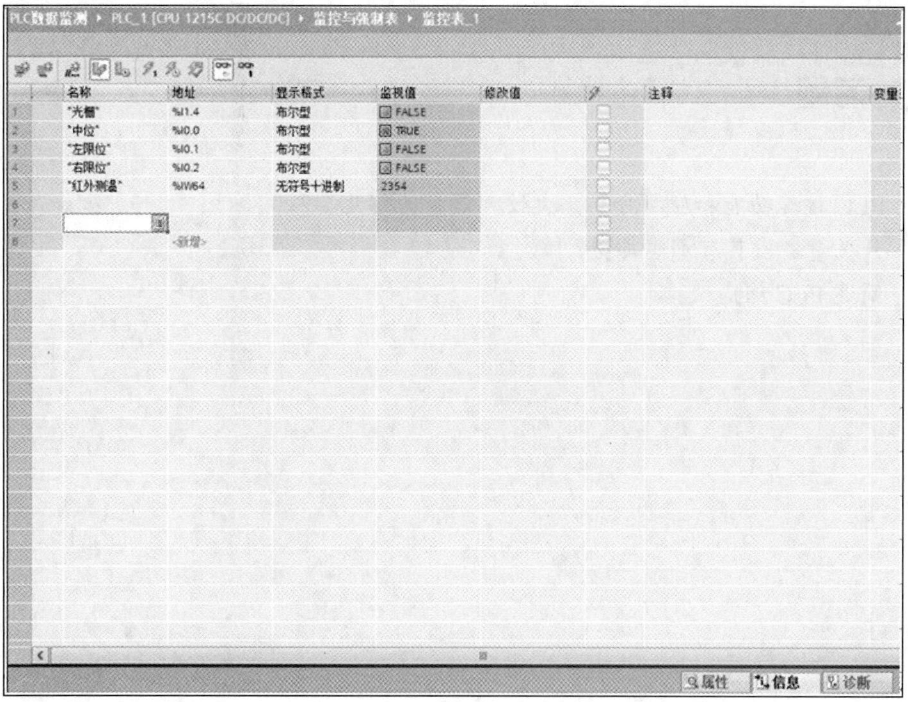

图 8-23　实训台状态 1 数据监测效果

实训台状态 2：对射光栅中间遮挡、滑台离开原点位置、红外测温传感器指向手掌，监测效果如图 8-24 所示。

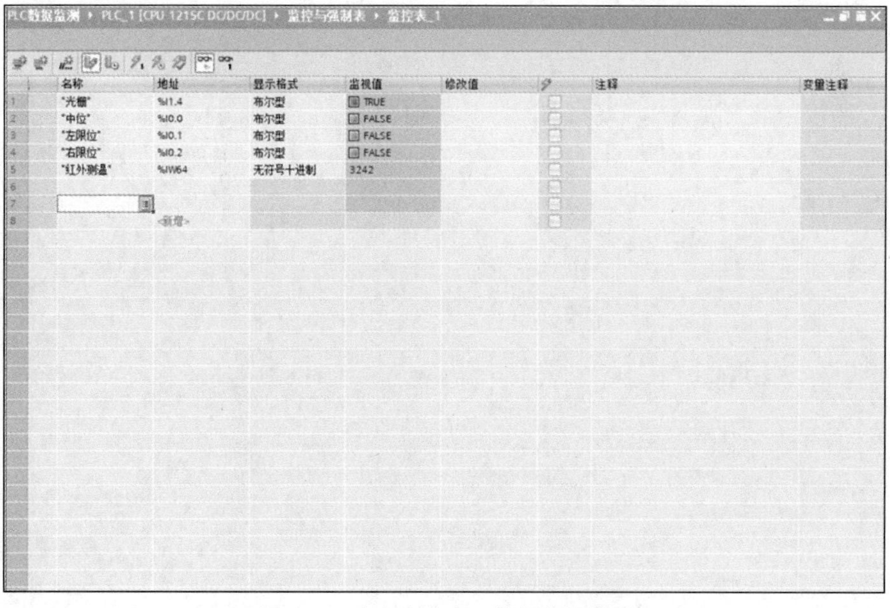

图 8-24　实训台状态 2 数据监测效果

可以看出，对应传感器的状态发生了改变，这说明我们达到了数据监测的目的。

8.5 习题

1. PLC 按其功能和应用分类，大致可以分为哪几类？
2. 开关量输出具有哪些类型？
3. 简述 PLC 组成架构。

项目九 工业互联网设备数据采集系统故障处理（1）

9.1 项目要求

本项目的内容将涵盖工业互联网设备故障、电气故障及工业智能网关故障三大类别的故障。通过学习，读者将掌握故障的基本特征，并学会区分系统性故障与随机性故障。项目将探讨故障的原因类型，并讲述高效的故障排除原则，以便读者能够采取预防措施，减少故障的发生。

此外，本项目还将介绍 3 种有效的故障诊断方法，读者将通过这些方法的学习和实践，能够更有效地识别、诊断和解决数据采集系统中的各种故障，确保系统的稳定运行。

9.2 学习目标

1. 理解故障的分类方法。
2. 识别系统性故障与随机性故障。
3. 了解故障产生的原因。
4. 应用故障排除原则。
5. 掌握 3 种故障诊断方法。
6. 能够独自解决常见故障。

9.3 相关知识

9.3.1 故障分类

1. 按故障部件进行分类

按发生故障的部件不同，数据采集系统故障可以分为 3 类：工业互联网设备故障、电气故障和工业智能网关故障。

（1）工业互联网设备故障

常见的工业互联网设备包括端设备（如传感器、控制器）、通信设备（如路由器、无线接入点）、网络互联设备（如交换机）、网络安全设备（如防火墙）等。

工业互联网设备故障通常具备以下 5 个基本特征。

层次性：复杂的工业互联网设备可以按照其结构划分为不同的层级，例如系统和子系统、部件和元件。一个元件级别的故障可能不会立即导致整个系统失效，但它会慢慢地影响更高层级的组件，最终影响整个系统。

传播性：元件级别的故障如果未能得到及时解决，它产生的影响往往会向上级组件传播，最终可能导致整个子系统乃至整个系统的故障，呈现出一种从下至上的累积效应。

放射性：在某些情况下，一个部件的故障不仅仅局限于该部件本身，还可能通过与其他部件的交互引发连锁反应，导致其他相关部件出现故障。

时延性：设备故障的发生和发展并非瞬间完成，而是一个渐进的过程。这一过程可能涉及多个阶段，从初始故障迹象到系统完全失效需要一定的时间。

不确定性：设备故障的发生往往具有随机性和模糊性，这意味着故障的具体原因、发生时间及影响范围很难被精确预测。

（2）电气故障

电气故障是数据采集系统中的常见问题之一，它可以分为弱电故障与强电故障两大类。在很多设备上，ERR 灯（故障指示灯）用于指示设备是否存在故障。如果图 9-1 所示 ERR 灯常亮，这通常意味着设备出现了严重的故障，需要立即停机进行检修。此时应按照设备手册的指引检查故障代码，或者联系专业技术人员进行详细的故障诊断。

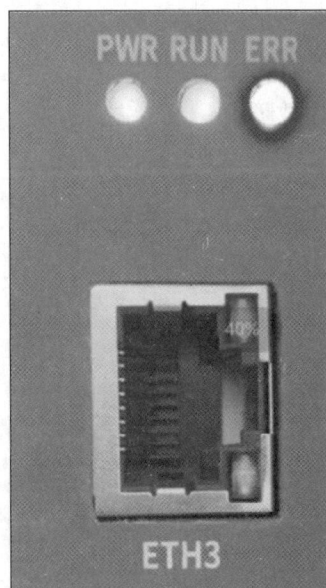

图 9-1　ERR 灯常亮

这两种类型的电气故障各有特点，需要采取不同的方法进行诊断和修复。

弱电故障主要涉及工业智能网关等电子电路的故障。这类故障通常比较隐蔽，不容易直接通过肉眼观察发现，需要借助专业的工具和方法进行诊断。弱电故障又包括硬件故障（根据故障位置来定）和软件故障。硬件故障是指电气装置的集成电路芯片、分立元件、接插件及外部连接组件等发生的故障。软件故障是指采集程序出错、系统程序和采集参数改变或丢失等。

强电故障通常涉及电源供应、控制电路及与之相关的元件。这类故障往往更容易识别，因为它们通常伴随着明显的物理迹象。相关的元件常指继电器、接触器、开关、熔断器、电源变压器等。

（3）工业智能网关故障

工业智能网关是连接工业互联网设备与云平台的关键组件，负责数据的采集、处理和传输。工业智能网关发生故障可能会严重影响数据采集系统的正常运行。工业智能网关故障通常可以分为硬件故障与软件故障两大类。

硬件故障：包括但不限于处理器、内存、存储介质和通信模块的故障。例如，处理器故障可能导致数据处理速度下降，内存故障可能导致数据丢失或系统不稳定，通信模块故障则可能导致数据传输中断或错误。

软件故障：可能涉及固件错误、配置不当、软件冲突等故障。例如，固件版本不兼容可能导致设备无法正常启动，错误的配置可能导致数据传输异常，软件冲突则可能导致系统崩溃或服务中断。

2. 按故障性质进行分类

按发生故障的性质不同，数据采集系统故障可以分为系统性故障和随机性故障两大类。

（1）系统性故障

系统性故障是指只要满足特定条件或超过某一阈值，数据采集系统就必然会出现的故障。这类故障的发生通常与以下因素密切相关。

① 硬件老化，即随着使用年限的增长，硬件设备的性能逐渐下降，导致故障频发。

② 软件配置错误，错误的软件配置可能会导致系统运行不稳定，甚至崩溃。

③ 过载运行，超出设备设计容量的长时间运行，容易导致设备过热或损坏。

④ 环境因素，如高温、潮湿或尘埃等不利环境条件会对设备造成损害。

⑤ 设计缺陷，系统设计不合理或制造缺陷也可能导致故障的发生。

（2）随机性故障

随机性故障是指数据采集系统在正常工作过程中偶然发生的一次或两次故障。这类故障具有偶然性和不可预测性，要对这类故障进行原因分析与故障诊断相对困难。

这类故障的发生往往与多种因素有关，包括操作失误、维护不当、硬件故障、电缆故障、环境因素、软件故障等。具体来说，操作人员的误操作可能导致系统出现故障；未按规定进行定期维护，可能导致设备老化或性能下降；设备本身存在质量问题，如连接插头没有拧紧、制作插头时出现虚焊等也会引发故障；电缆没有整理好或电缆质量不过关，可能导致信号传输不稳定；恶劣的工作环境，如高温、潮湿或尘埃较多的场所，可能对设备造成损害；软件错误或配置不当也可能导致随机性故障的发生。

3. 按故障原因进行分类

按发生故障的原因不同，数据采集系统故障可以分为数据采集系统自身故障和数据采集系统外部故障两大类。

（1）数据采集系统自身故障

数据采集系统自身故障是指由数据采集系统内部因素引起的故障，这类故障与外部使用环境无关。在实际应用中，数据采集系统所发生的绝大多数故障属于此类故障，具有普遍性。这类故障主要涉及数据采集系统自身、工业智能网关、设备模组等部分。

数据采集系统自身故障主要来源于以下几个方面：传感器故障导致数据采集不准确；执行器故障导致系统无法完成预定的操作；控制器故障影响系统的正常运行；工业智能网关中的处理器、内存、存储介质或通信模块故障导致处理速度下降、数据丢失或通信中断；设备模组中的电源模块、通信模块、接口模块或控制模块故障影响数据传输和设备正常工作。

（2）数据采集系统外部故障

数据采集系统外部故障是指由外部因素引起的故障，这类故障与外部使用环境紧密相关。

这类故障的产生原因主要有供电电压问题、环境因素及外来干扰等。供电电压问题包括电压过低、电压波动过大、电压相序不对或三相电压不平衡，这些问题会导致设备无法启动、运行不稳定或损坏。环境因素如温度过高、有害气体侵蚀、潮气太大及粉尘侵入，这些因素可能导致设备过热、电路腐蚀或短路。外来干扰如振动和电磁干扰，这类因素可能导致连接松动、机械部件损坏或数据传输错误。

9.3.2 故障处理方法

1. 故障排除原则

在检测数据采集系统故障的过程中，充分利用系统的自诊断功能是非常必要的，如系统的开机诊断、运行诊断、实时监控功能、网络诊断等，这样可以帮助我们有针对性地检测有关部件。

此外，在检测和排除故障的过程中，还应遵循以下基本原则，以确保故障检测的高效性和准确性。

（1）先易后难

在处理数据采集系统故障时，应该按照以下"先易后难"的步骤进行判断与维修。

首先进行外部环境检查：详记故障特征，验证供电是否可靠与线路是否完好，监控环境温湿度。

其次进行内部环境维护：除尘防短路，确保内部接线稳固、温度符合要求。

再次进行工业智能网关监测：解读指示灯信号，特别留意故障灯，核查接口性能，确认风扇运转正常，保障散热。

最后进行参数配置审查：比对接口设定与设备兼容性，复核通信协议配置（如TCP/IP），审查安全策略与软件版本，确保系统版本最新且适用于当前系统。

（2）先外后内

遵循"先外后内"策略很关键。首先，外部检查确认供电符合规格，开关处于开启状态，所有线缆完好并紧固。检查外部设备（如传感器、执行器）工作是否正常，连接是否准确。环境条件需满足设备要求，包括适宜的温度、湿度和通风。

确认外部无问题后，进行内部检查。核查系统配置参数，如 IP 地址、端口号设置是否正确；数据链路是否畅通，网络连接（以太网、无线）是否稳定；软件配置是否与硬件兼容，驱动程序和固件版本是否需要升级；内部硬件（如处理器、内存、存储介质）是否正常运行。

（3）先软后硬

遵循"先软后硬"的原则时，应首先通过软件检测工具排除软件故障的可能性，然后检查硬件故障。

软件故障通常包括配置错误、软件冲突或病毒攻击等，这些可以通过重启系统、更新软件或检查配置来解决。

确认软件方面没有问题后再转向硬件检查，例如检查传感器、执行器、控制器、通信模块等硬件设备的功能是否正常，以及检查电源供应、连接线路等硬件组件的状态。

（4）先常见后特殊

在排除数据采集系统的故障时，应遵循"先常见后特殊"的原则，即首先考虑常见的原因，然后分析特殊原因。

例如，当遇到显示采集数据错误的问题时，应先检查数据采集系统的连接线路是否发生变化，以确保所有的连接都牢固且正确。然后进一步检查工业智能网关的配置是否正确，其中包括接口匹配情况、通信参数等。最后检查网络连通情况，确保网络连接稳定，没有受到干扰或中断。

总而言之，数据采集系统出现故障后，应根据故障的难易程度及是否属于常见性故障等具体情况，合理采用不同的问题分析和解决方法。这意味着在处理故障时，我们既要考虑故障本身的特性，也要结合实践经验选择最合适的方法，确保故障能够被高效、准确地排除。

2．故障诊断方法

工业互联网设备数据采集系统的故障千变万化，其原因往往比较复杂。为了迅速诊断故障原因并及时排除故障，我们总结出了一些行之有效的方法。下面介绍 3 种常用的故障诊断方法，这些方法能够帮助技术人员快速定位问题，采取有效的措施解决问题。

（1）观察检查法

①直观检查（常规检查）。直观检查设备故障，关注有无火花、异响、烟雾、烧焦味等异常情况；触检过热部件，耳听异常噪声，鼻嗅异味。检查有无插头松紧、电缆损伤、断碰线等情况；观察插件板元件有无异常热、焦、损、断，确认连接点接触是否可靠、无虚焊。

②预检查。预检查依托运维人员经验，预判潜在故障区，实施精准检测，加速问题识别与修复。结合历史故障数据分析，聚焦电源异常、连接疏失等频发问题，实现初期即刻排查，大幅压缩诊断周期，提高效率，护航数据采集系统平稳运作。

③电源、接地、电缆检查。工业用电的不稳定性威胁数据采集系统，电源作为核心，其稳定与否直接影响系统效能。维修前应先全面评估电源状况，确认供电稳定、电压标准及连线安全。检查电缆是否具有屏蔽与隔离能力，是否可防电磁干扰，并依技术手册测试接地，强化系统抗扰与安全。

为确保数据采集系统稳定，还需细查模块间连接与电缆合规，保障数据传输精确与系统性能。这些关键步骤可有效规避电源、接地及电缆问题引发的故障，维护系统整体运行稳定。

（2）参数检查法

工业智能网关通常会存储部分数据采集设备的连接参数，这些参数对于确保数据采集系统的正常运行至关重要。在进行故障排查时，运维人员可以根据需要检查这些配置参数是否有变化或被意外修改，因此，检查和恢复数据采集系统的参数是运维工作中行之有效的方法之一。通过对参数进行细致检查，我们可以发现导致系统不稳定或数据传输异常的原因，并采取相应的措施进行恢复或调整。参数检查不仅有助于快速定位问题，还能确保系统的稳定性和数据的准确性。

（2）交换法

交换法是一种通过替换相同的插件或器件来观察故障变化情况，从而帮助判断和寻找故障原因的有效方法。

在处理工业互联网设备数据采集系统故障时，我们可以通过替换工业智能网关、网络连接线等硬件设备来查看故障是否复现。如果故障发生在这些部位，采用交换法可以十分准确且迅速地定位问题所在。这种方法尤其适用于那些难以通过直观检查或软件工具诊断的故障，通过逐一替换可疑部件，可以有效地排除故障，确保数据采集系统的稳定运行。

对于这 3 种主要的故障诊断方法，运维人员应根据不同的故障现象加以灵活应用，逐步缩小故障范围，最终排除故障。故障处理逻辑如图 9-2 所示。

3．故障产生原因

工业互联网设备数据采集系统在工业互联网中发挥着至关重要的作用，但其复杂性和使用环境的多变性使得故障的发生难以完全被避免。

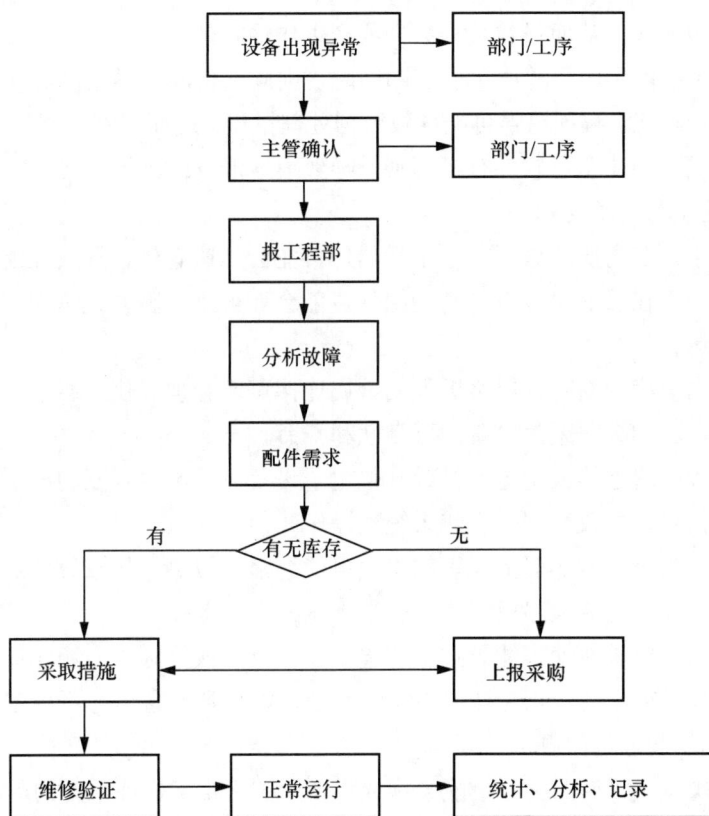

图 9-2　故障处理逻辑

　　我们从以下维度分析故障产生的原因，以便相关人员采取有效的预防措施，确保数据采集系统稳定运行，并在故障发生时能够快速定位问题并采取相应措施。

（1）硬件老化与故障

- 组件磨损：在长期运行下，传感器、执行器、控制器等硬件会逐渐磨损，导致性能下降，精度降低，直至失效。

- 电气连接问题：频繁的插拔操作或设备运行过程中的振动，都可能使连接器与接线端子松动，造成接触不良，从而影响数据采集的实时性和准确性。

- 机械部件失效：如传动机构、阀门、电动机等在大量运行后可能会出现磨损，导致设备响应迟钝，影响整体性能。

- 硬件故障：处理器、内存、存储介质和通信模块等发生故障后不仅会导致处理速度减慢、数据丢失，还会引起系统频繁重启或通信中断，严重时甚至造成系统瘫痪。

（2）软件配置与设计问题

- 固件版本不兼容：当一个设备使用了较新的固件版本，而另一个设备仍然使用旧版本时，它们之间的通信可能会出现问题。

- 配置错误：如果一个设备的 IP 地址或端口号设置错误，它可能无法接收来自其他设备的数据包，从而导致数据丢失或产生传输时延。

- 软件冲突：两个应用程序可能试图同时访问同一资源，导致冲突和系统崩溃。
- 软件设计缺陷：编程错误可能导致数据处理错误，进而影响数据的准确性。此外，安全漏洞可能让恶意软件有机可乘，导致数据泄露或系统瘫痪。

（3）环境因素与电源问题

- 温度变化：在高温环境下，电子元器件可能会加速老化，导致性能不稳定或元器件损坏；而在极低温度下，某些组件可能会变得过于脆弱或响应迟缓，影响系统的正常运行。
- 湿度：当湿度较高时，电路板上的金属连接可能会被氧化或腐蚀，导致接触不良或短路，影响数据采集设备的可靠性和寿命。
- 电磁干扰：附近的大型电动机或其他电子设备可能产生强烈的电磁干扰，干扰数据传输信号，导致数据丢失或系统误操作。
- 尘埃和污染物：散热器上积聚的灰尘可能会阻碍散热，导致设备过热；而导电性污染物可能会造成电路板短路，影响系统的正常运行。
- 电源问题：电压波动可能导致敏感电子设备重启或损坏；电源相序错误可能导致电动机反转或无法正常工作；电源不平衡可能导致设备运行不稳定或损坏。

（4）人为因素与通信问题

- 错误的操作：错误的配置可能会导致设备无法正常工作或采集的数据不准确。
- 维护不当：未进行定期清洁可能导致灰尘积累，影响散热性能；未及时更换磨损部件可能导致设备运行不稳定。
- 未经授权的更改：随意更改设备配置或安装未经验证的软件更新包可能会引入未知的错误或产生兼容性问题，导致系统运行不稳定。
- 通信问题：网络中断可能导致数据无法传输，协议不兼容可能导致设备间无法正常通信，安全漏洞可能导致数据被泄露或篡改。

（5）设计缺陷与设备模块故障

- 硬件设计不合理：散热设计不足可能会导致设备过热，影响其稳定性和使用寿命；不合理的布局设计可能导致信号干扰，影响数据传输质量。
- 设备模块故障：电源模块故障可能导致供电不稳定或完全失去供电，通信模块故障可能影响数据传输，接口模块故障可能导致连接问题，控制模块故障可能导致设备无法执行预定任务。定期检查这些模块的状态，并及时更换故障模块，可以有效降低故障发生的可能性。

（5）常见故障处理方法

下面以传感器为例，介绍常见故障的处理方法。

① 传感器供电错误

当工业互联网数据采集系统中的传感器出现问题时，首先检查传感器的供电是否正常，使用万用表测量传感器的电源和电压是否符合规格要求。如果供电不正常，那么可能电路接线有问题。此时需要检查线路连接是否正确，其中包括检查电源线是否连接正确且牢固，以及电路是否存在断路或短路的情况。

② 传感器损坏

确认传感器供电正常后，下一步是测试传感器是否有正常的输出，这里需要根据传感器的类型选择合适的测试工具。例如，对于数字接近开关传感器，我们可以使用金属材料靠近传感器，并使用万用表测量输出端，判断其是否能正常输出。

如果传感器在供电正常的情况下仍不能正常输出，那么可以判断传感器本身已经损坏，需要更换新的传感器。更换传感器时要确保选择相同型号或兼容型号的产品，以确保数据采集系统的正常运行。

③ 接线错误

即使在传感器供电正常且输出也正常的情况下，如果数据采集系统仍然无法正常运行，那么问题可能出在传感器输出线和工业智能网关之间的线路连接上。此时需要检查传感器输出线与工业智能网关之间的线路是否正常，其中包括检查线序是否正确、使用的端口是否合适等。如果发现接线错误，应及时进行调整或重新连接，确保信号能够准确无误地传输到工业智能网关，从而保证数据采集系统的正常运行。

9.4 实验过程

本实验基于 Modbus，主要内容为串口故障排查，具体过程如下。

1. 构建 Modbus 从站

使用虚拟串口软件（虚拟串口驱动 6.9）创建一组虚拟端口 COM4 和 COM5，注意不要与现有的端口冲突，如图 9-3 所示。

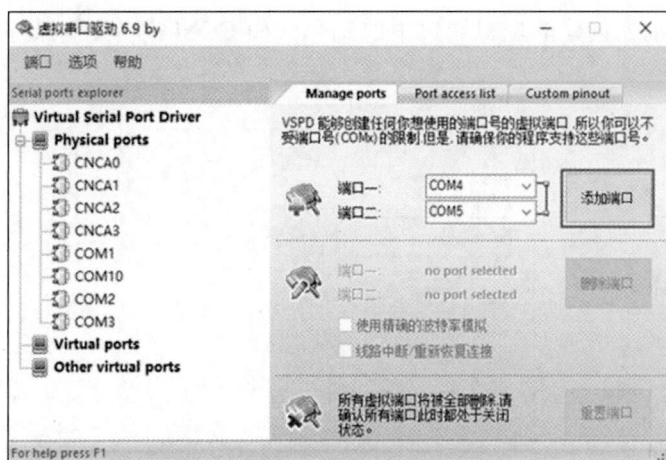

图 9-3　创建虚拟端口

虚拟端口创建完成后，我们可以在界面左侧看到虚拟端口 COM4 和 COM5 的一些信息，如图 9-4 所示。

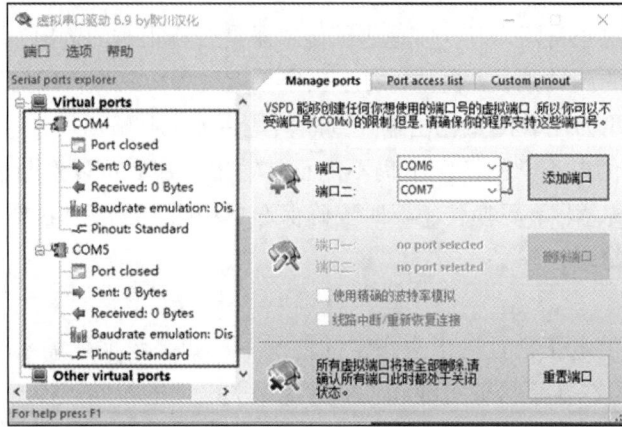

图 9-4 虚拟端口信息

使用 ModbusRTU-slave 软件（Modbus Slave Emulator）创建一个 Modbus 从站，在图 9-5 所示界面，单击"新建连接"选项。

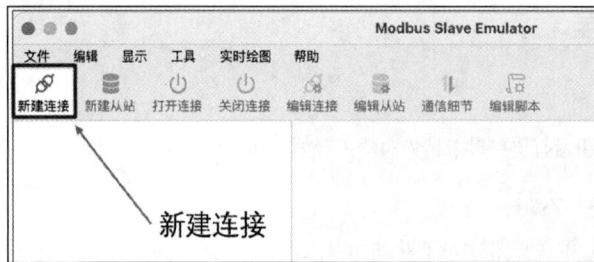

图 9-5 新建连接

串口号选择刚才创建的虚拟端口中的一个（如 COM4），其他保持默认，如图 9-6 所示。

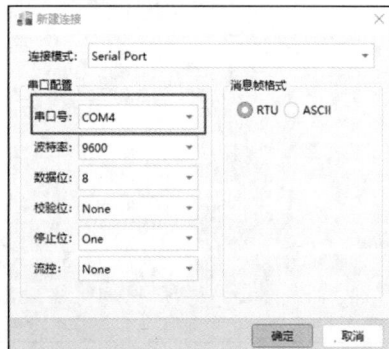

图 9-6 选择虚拟端口

在图 9-7 所示界面单击"新建从站"选项，在图 9-8 所示界面设置寄存器组组名，注意选择"使用随机数初始化寄存器"为"是"。

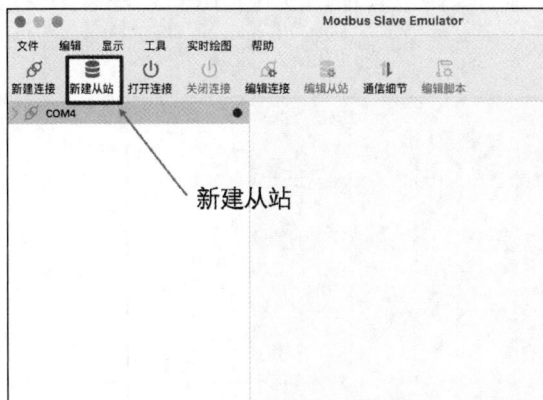

图 9-7　新建从站

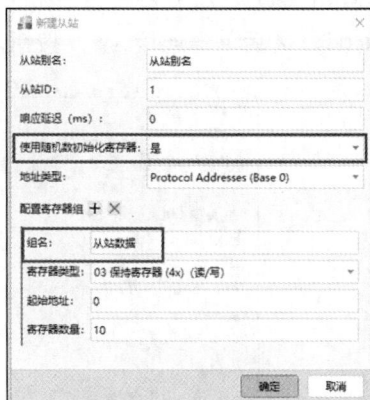

图 9-8　从站设置界面

在图 9-9 所示界面单击"打开连接"选项。

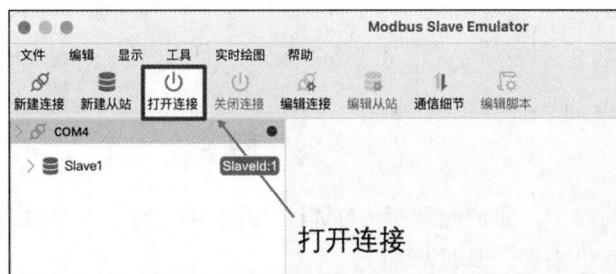

图 9-9　打开连接

双击新建好的从站，我们可以看到该从站的信息，其中包括寄存器值和地址，如图 9-10 所示。

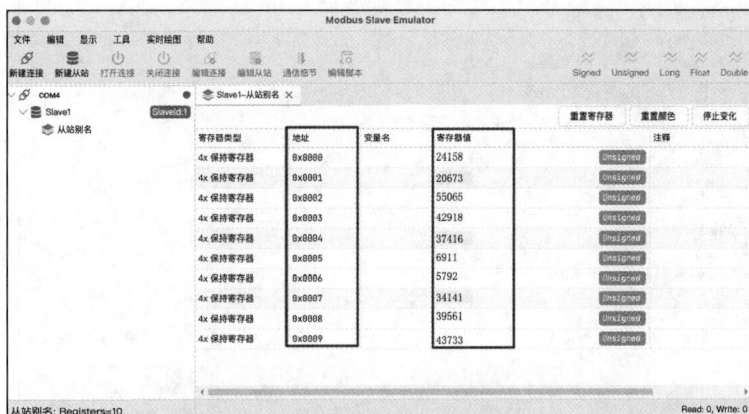

图 9-10　从站信息

2．读/写从站数据

打开"友善串口调试助手"，其界面如图 9-11 所示。界面左侧的串口选择之前创建的虚拟端口 COM5，将接收设置和发送设置的编码格式都设置为"Hex"，注意不要选择"ASCII"，之后单击连接（▶）按钮。

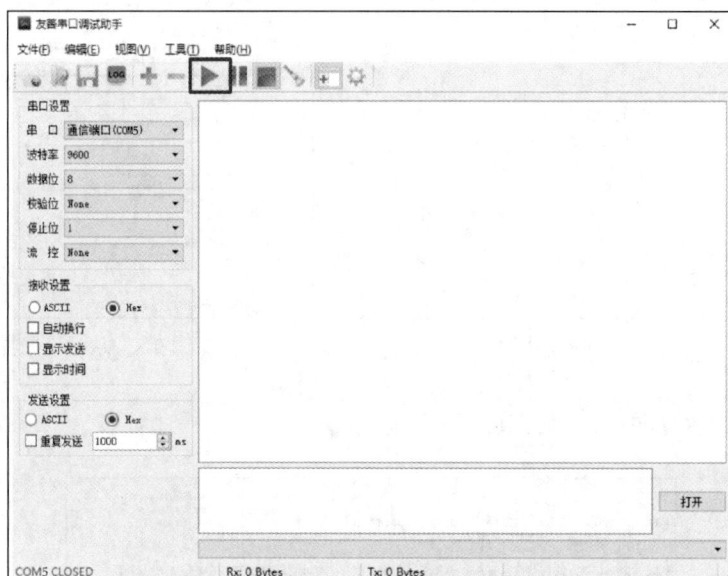

图 9-11　串口调试界面

如果选择错误的端口，即依然选择 COM4（如图 9-12 所示），单击连接按钮后，系统会提示相应错误（这里未展示具体界面）。

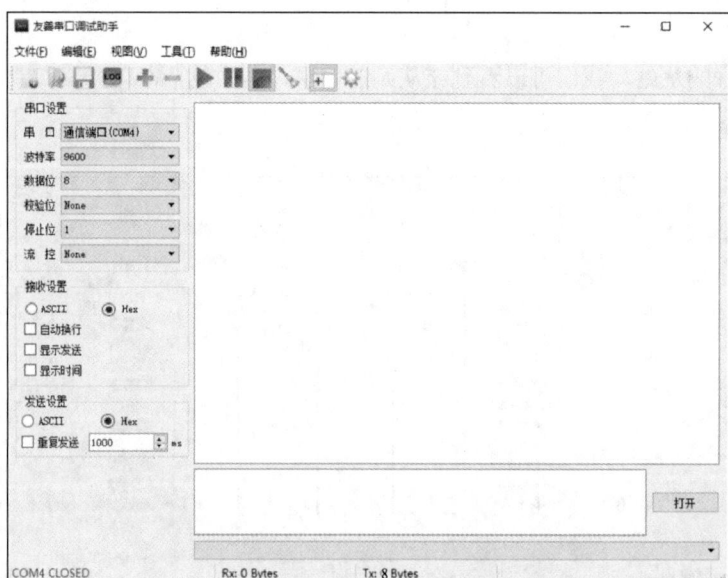

图 9-12　串口调试助手连接端口 COM4

在图 9-11 所示配置的基础上，我们输入相应命令后单击"发送"按钮，如图 9-13 所示。接收到的从站返回的信息如图 9-14 所示。

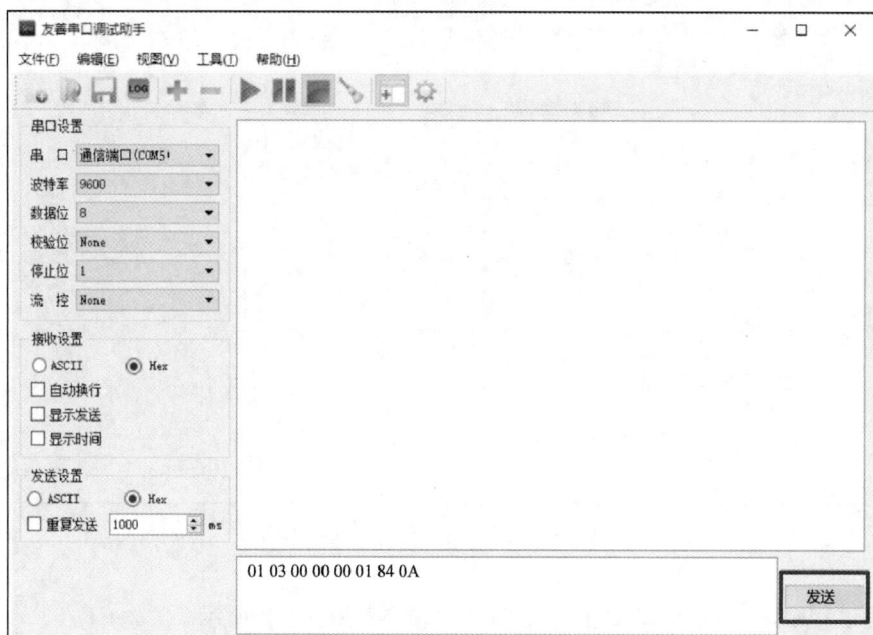

图 9-13　串口调试助手发送命令到从站

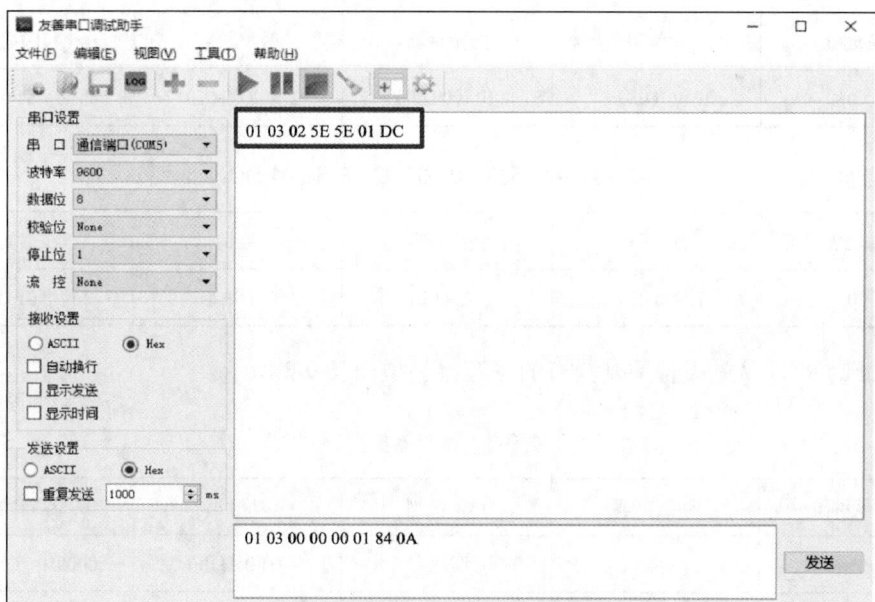

图 9-14　从站返回信息到串口调试助手

在从站软件中，单击"通信细节"选项，我们也能看到发送和接收到的消息，如图 9-15 所示。

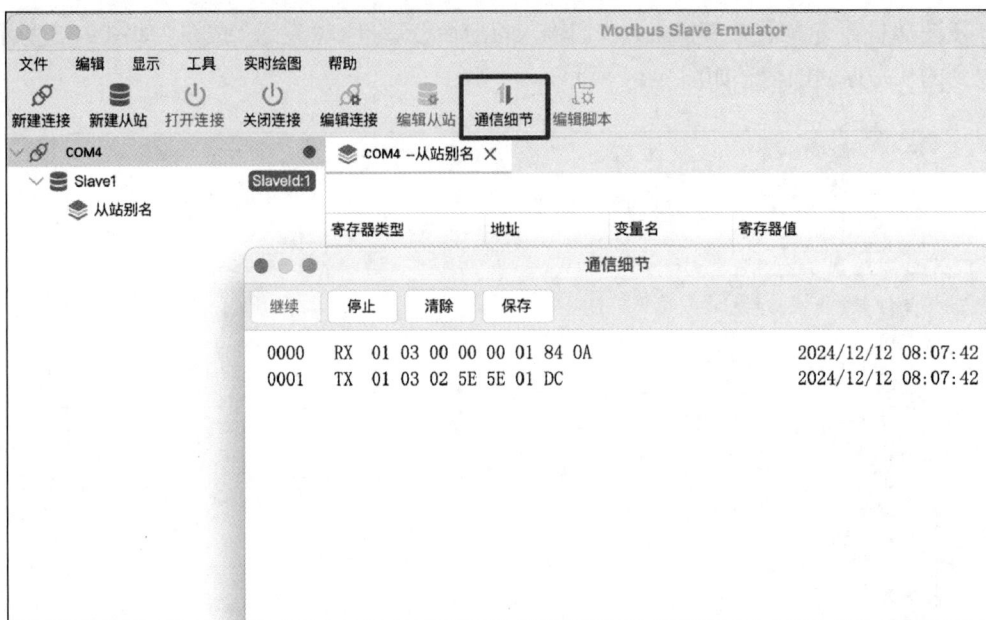

图 9-15　在从站中查看通信细节

上述过程中，Modbus RTU 通信中的帧如表 9-1 和表 9-2 所示。

表 9-1　主站问询帧（01 03 00 00 00 01 84 0A）

设备地址	功能码	起始地址	数据长度	校验码
1 位（01）	1 位（03）	2 位（00 00）	2 位（00 01）	2 位（84 0A）

表 9-2　从站返回帧（01 03 02 5E 5E 01 DC）

设备地址	功能码	数据长度	数据	校验码
1 位（01）	1 位（03）	1 位（02）	2 位（5E 5E）	2 位（01 DC）

Modbus RTU 从站设备通常具有的寄存器类型如表 9-3 所示。

表 9-3　寄存器类型

寄存器种类	数据类型	访问类型	功能码	寄存器地址
线圈寄存器	位	读/写	01H 05H 0FH	0000H~FFFFH
离散输入寄存器	位	只读	02H	0000H~FFFFH
输入寄存器	字	只读	04H	0000H~FFFFH
保持寄存器	字	读/写	03H 06H 10H	0000H~FFFFH

常见的功能码如表 9-4 所示。

表 9-4　常见功能码

功能码	描述	PLC 地址	寄存器地址	位/字操作	操作数量
01H	读线圈寄存器	00001～09999	0000H～FFFFH	位操作	单个或多个
02H	读离散输入寄存器	10001～19999	0000H～FFFFH	位操作	单个或多个
03H	读保持寄存器	40001～49999	0000H～FFFFH	字操作	单个或多个
04H	读输入寄存器	30001～39999	0000H～FFFFH	字操作	单个或多个
05H	写单个线圈寄存器	00001～09999	0000H～FFFFH	位操作	单个
06H	写单个保持寄存器	40001～49999	0000H～FFFFH	字操作	单个
0FH	写多个线圈寄存器	00001～09999	0000H～FFFFH	位操作	多个
10H	写多个保持寄存器	40001～49999	0000H～FFFFH	字操作	多个

帧中的校验码即 CRC 码，是一种具有检错、纠错能力的校验码。CRC 码的计算可以通过下述 Python 代码实现。

```python
def calculate_crc(data):
    crc = 0xFFFF
    for byte in data:
        crc ^= byte
        for _ in range(8):
            if crc & 0x0001:
                crc >>= 1
                crc ^= 0xA001
            else:
                crc >>= 1
    return crc.to_bytes(2, byteorder = 'little')

# 使用示例，即由 01 03 00 00 00 01 计算得到 CRC 校验码值
data = b'\x01\x03\x00\x00\x00\x01'

crc = calculate_crc(data)
print(crc.hex())
```

输出的结果是：

```
840a
```

从站返回的代码“01 03 02 5E 5E 01 DC”中 5E 5E 代表返回的数据，即读取到的 0000 地址上的数据为 5E5E，转换为十进制数即为 24158，如图 9-16 所示。

图 9-16 从站返回代码的含义

再尝试一次 06 功能码的命令（01 06 00 00 00 16 88 06），该命令会将 0010 地址的值写入 0000 的地址，如图 9-17 所示。

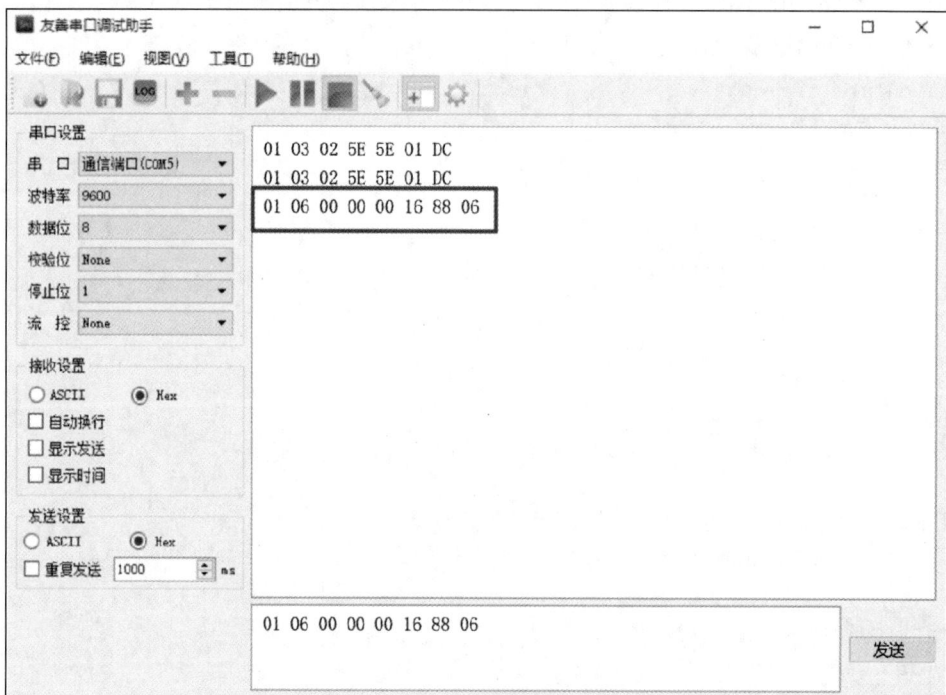

图 9-17 串口调试助手发送 06 功能码命令

在从站软件上，我们也能看到相应的输入/输出和修改该寄存器后的结果，如图 9-18 所示。

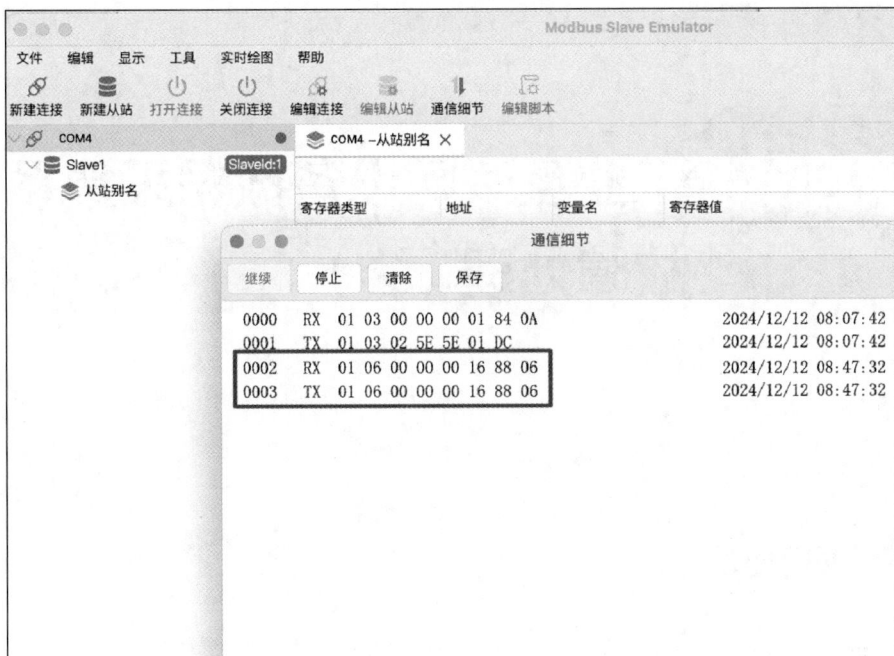

图 9-18　06 功能码影响从站结果

3. 故障模拟

如果主从机地址不匹配或使用错误的 CRC 码和功能码，那么使用串口调试工具由主站向从站发送命令时将无法发送命令，主站也得不到从站返回的数据。请读者自行完成故障模拟部分，观察界面展示的信息。

9.5　习题

1. 按发生故障的部件不同，数据采集系统故障可分为_____、_____和_____。
2. 工业互联网设备的故障一般具有 5 个基本特征：_____、_____、放射性、_____、不确定性等。
3. 常用的故障诊断方法有_____、_____和_____。
4. 故障排除应遵循的原则有_____、_____、_____和_____。
5. 简要阐述数据采集系统按故障产生原因的故障分类。
6. 数据采集系统出现故障时，根据"先易后难"的方法，简要阐述检查的步骤。
7. 根据所学知识，简要阐述数字接近开关传感器的故障检测方法。

项目十 工业互联网设备数据采集系统故障处理（2）

10.1 项目要求

工业智能网关作为连接工业设备与云端的重要桥梁，支持多种网络连接方式，包括有线连接（以太网、串行接口）和无线连接（Wi-Fi、蜂窝网络、LoRaWAN、蓝牙）。

本项目致力于通过介绍工业智能网关的网络连接方式、检测方法及故障信息的现象描述与对策分析，提高读者对工业智能网关故障的理解和处理能力。

通过学习，读者将掌握收集设备故障信息的具体方法，并明确故障原因，从而采取相应措施来更妥当地处理故障。

10.2 学习目标

1. 学会通过自检过程、电口测试、系统测试和使用 ping 命令测试网络连通性，确保工业智能网关可正常运行。

2. 理解不同故障现象（如 LED 灯不亮、网口异常、串口异常）的原因及处理方法。

3. 了解故障信息收集的重要性和方法，包括故障记录或故障报告的形式。

4. 掌握收集故障时间信息、故障现象信息、故障部位信息、故障原因信息、故障性质信息及故障处理信息的方法。

5. 明确影响故障信息收集准确性的主要因素，并采取措施提高故障信息的准确性和完整性。

10.3 相关知识

10.3.1 工业智能网关网络连接方式

工业智能网关在网络连接方面扮演着至关重要的角色，它是连接工业设备与云端或其他网络基础设施的重要桥梁。工业智能网关支持多种网络连接方式，以适应不同的工业场景需求。

1. 有线连接

以太网连接：这是非常常用的连接方式之一，通过标准的 RJ-45 接口实现。以太网连接稳定可靠，适合长距离传输大量数据。工业智能网关通常配备一个或多个以太网端口，用于连接局域网或广域网。

串行接口连接：主要用于连接传统工业设备。这些接口（如 RS-232、EIA-485）能够在较长的距离上传输数据，适用于点对点或点对多点通信。

2. 无线连接

Wi-Fi 连接：支持 802.11 标准，能够实现高速无线通信，适合在有限的空间内建立网络连接。

蜂窝网络连接：包括 4G、5G 等，适用于远程或移动设备的连接，提供广域覆盖和高速数据传输。

LoRaWAN 连接：特别适用于远距离低功耗的应用场景，适合监测偏远地区的设备。

蓝牙连接：适用于近距离、低功耗的数据传输，如用于配置和维护网关的移动应用。

此外，工业智能网关还支持多种网络协议，如 TCP/IP、UDP、HTTP/HTTPS、MQTT 等，以确保与不同类型的设备和服务进行无缝通信。通过这些连接方式和协议的支持，工业智能网关能够实现灵活、可靠的网络连接，满足工业自动化和物联网应用的需求。

10.3.2 工业智能网关故障检测和处理方法

1. 检测方法

（1）自检过程

当工业智能网关设备上电后，RUN 灯（工作灯）会闪烁绿色，表明设备正在启动。与此同时，以太网状态指示灯会先全亮，随后根据当前的连接状态进行指示。通过观察这些指示灯的状态及访问 Web 配置界面，运维人员可以全面了解整个网络的运行状态。

要验证设备的网络连接是否正常，可以将设备的网口接入计算机网口，并正确设置计算机的网络参数，使其与网关处于同一子网内。接下来，通过发送 ping 命令到网关的 IP 地址这种方式可以检测网口是否能成功建立网络连接。例如，如果网关的 IP 地址是 192.168.1.1，那么可以在计算机的命令提示符中输入 ping 192.168.1.1。如果返回的信息显示请求已成功发送并收到回复，则表明网络连接正常。

（2）电口测试

在进行电口测试之前，需要先准备一台 PLC，例如西门子 PLC，并编写简单的 PLC 程序，其中包括数字量 I/O 控制和存储区的数据存储，确保 PLC 能够正常上电运行。

接下来，将工业智能网关设备上电，并通过通信端口 COM1 连接到 PLC，同时将网口连接到计算机网口。通过现场采集 PLC 信息，确保网关和 PLC 之间能够正常进行数据交互，而且数据传输过程中不会出现丢包现象。此时，观察对应端口上的黄灯是否常亮（表示网卡工作在 100 Mbit/s 状态）或不亮（表示网卡工作在 10 Mbit/s 状态），以及绿灯是否闪烁，以此判断被测试的两个电口硬件工作是否正常。完成对第一个电口的测试后，可以采用相同的方法继续测试其余所有电口。

（3）系统测试

在完成电口测试的基础上，我们可以进一步进行系统测试，以评估网络的整体性能。这里可以使用 3 台或更多的设备组成一个小型网络，通过上位机软件改变端口属性，如端口使能、自动协商或强制、端口速率控制等，观察网络数据的畅通情况。

在测试过程中，我们可以改变不同的端口属性设置，观察网络中的数据传输情况，确保数据能够顺利传输，没有出现丢包现象。例如，设置不同的数据传输速率，观察网络性能的变化，以及网络不同的设置下是否能够稳定运行。

（4）使用 ping 命令进行网络测试

为了更深入地测试网络的稳定性，我们可以使用 ping 命令进行持续的数据包发送。假设测试计算机 1 的 IP 地址为 192.168.1.1，测试计算机 2 的 IP 地址为 192.168.1.2。在测试计算机 1 上，我们通过命令提示符输入 ping 192.168.1.2 -t -l1000，其中，-t 表示连续发送数据包，-l1000 表示发送数据包的大小为 1000 B。在测试计算机 2 上，我们可以输入类似的命令 ping 192.168.1.1 -t -l1000。运行命令超过 10 min 后，按下"Ctrl+C"组合键停止测试，并统计丢包率。如果丢包率小于 1/1000，则可以认为设备工作正常。

2．故障处理和管理

（1）故障处理

设备故障现象、原因与处理对策如表 10-1 所示。

表 10-1　设备故障现象、原因与处理对策

故障现象	原因	处理对策
LED 灯（电源指示灯、业务卡指示灯）不亮	（1）电源线与设备的连接处可能因为长期使用或振动而松动，出现接触不良。 （2）电源适配器内部可能出现故障，如保险丝熔断、电路损坏等，导致无法正常供电。 （3）如果业务卡或扩展卡没有正确插入设备的插槽中，或者因振动等原因出现松动	（1）检查电源线与设备之间的连接，确保接线柱拧紧，接触良好。 （2）如果怀疑电源适配器存在问题，可以尝试更换一个新的适配器，看是否能够解决问题。 （3）检查业务卡是否正确安装在插槽中，确认是否稳固，必要时重新插入或更换新的业务卡

续表

故障现象	原因	处理对策
网口异常	（1）网线可能未正确连接到设备的网口，或者由于长时间使用或设备振动等，网口接线变得松动，导致接触不良。 （2）现场设备和网关的 IP 地址设置不正确，如设置了相同的 IP 地址，可能会导致网络地址冲突，或者设备和网关不在同一个网段内，也会导致无法建立网络连接。 （3）与业务卡的 ETH1 和 ETH2 端口连接的网线 RJ-45 线序不正确，可能会导致数据传输失败或不稳定	（1）确保网线正确连接到设备的网口，如果网线未连接，请连接网线；如果怀疑网线存在问题，可以尝试更换一根新的网线；如果网口松动，请重新插入网线并确保卡紧。 （2）确保现场设备和网关的 IP 地址设置正确，没有冲突，并且确定是否位于同一网段内，如果不在同一网段，需要调整 IP 地址设置。 （3）使用网络测试仪检查与 ETH1 和 ETH2 端口连接的 RJ-45 线序为 568A 线序
串口异常	（1）由于长时间使用或设备振动等，串口线与设备之间的连接可能会变得松动，导致接触不良。 （2）由于不同的串口形式（如 RS232、EIA-485、RS422）有不同的引脚定义，如果串口线的引脚接线错误，线序不正确，可能会导致数据传输失败或不稳定，从而串口无法正常工作。 （3）串口参数，如波特率设置不正确，可能会导致数据传输速度不匹配，从而出现数据丢失或传输错误，或者数据位、停止位、校验位设置错误，也可能导致数据传输不稳定或无法传输	（1）确保串口线正确连接到设备的串口，并且拧紧螺丝，避免因连接松动导致的接触不良。 （2）根据串口的形式（如 RS232、EIA-485、RS422），使用串口测试工具或万用表检查引脚线序是否正确连接。 （3）确保所使用的串口形式与设备兼容，同时正确设置波特率、数据位、停止位和校验位等参数，符合设备的要求

（2）故障管理

设备故障信息是指从故障发生、发展直至最终排除全过程中设备的相关信息。通过对故障信息的分析，我们可以识别出常见的故障模式、故障的根本原因及设备的薄弱环节。这些信息对于理解和改进设备的性能、优化维护计划及提高设备的可靠性至关重要。通过有效的故障信息管理，我们可以更好地预测未来可能出现的问题，并采取预防措施，从而减少停机时间和降低维护成本。

故障信息的收集通常采用故障记录或故障报告的形式。这些记录应该详细记录故障发生的日期、时间、设备编号、故障现象、故障原因及排除故障的过程和结果。收集这些信息的目的是分析故障趋势、评估维护策略的有效性，并为未来的维护工作提供参考。

当生产现场的设备出现故障后，通常由设备的操作人员填写故障信息收集单。这份收集单应当包含故障的基本信息，如故障发生的时间、地点、设备型号、故障现象等。收集单完成后应交给维修团队，由他们负责故障的排除工作。对于一些没有专门的故障信息收集单的单位，我们可以使用现场维修记录表来登记故障维修情况。维修记录表应包括故障的具体描述、采取的措施、更换的部件及完成维修的日期等信息，表 10-2 展示了现场维修记录表表项，供大家参考。

收集故障信息时应重点关注以下内容。

① 故障时间信息

故障时间信息是故障记录的基础，其中包括故障设备停机的确切时间、开始维修的时间及修理完成并恢复运行的时间。这些时间点对于分析故障持续时间、评估修复效率及规划维护计划至关重要。通过精确记录这些时间，我们可以更好地理解故障对生产效率的影响，并据此做出改进。

表 10-2　现场维修记录

设备编号								型号				
设备名称								规格				
日期	使用时间	故障发生时间	故障现象	故障检查与故障原因	排除措施	更换件名称、图号和更换数量	维修工时	移交使用时间	维修停机时间	使用人	维修人	维修费用

② 故障现象信息

故障现象是故障的外部表现，通常与故障产生的根本原因紧密相关。一旦故障现象出现，应立即停工并仔细观察记录故障的具体表现，例如异常的声音、气味、温度变化等。如果可能，最好拍照或录像保留故障现场，为后续的故障分析提供直观的证据。这些信息有助于技术人员快速定位问题所在，并采取有效的措施。

③ 故障部位信息

准确地确定故障的具体位置对于故障的分析和处理至关重要。确切掌握故障部位不仅可以为故障分析提供直接依据，还可以帮助了解设备各部分的设计、制造、安装质量和使用性能。这些信息对于改进维修策略、设备改造及提高设备整体质量具有重要意义。通过记录故障部位，我们可以针对性地采取措施，避免类似故障再次发生。

④ 故障原因信息

故障原因多样，大致可以归纳为以下几方面。

- 设计、制造和安装缺陷：设计不合理、制造工艺缺陷或安装不当都可能导致出现故障。
- 材料问题：选材不当或材料本身存在缺陷也可能引发故障。
- 使用过程中的磨损：长时间使用会导致部件出现磨损、变形、疲劳等问题，进而引发故障。
- 维护不当：维护、润滑不当，调整失误，过载使用等都会影响设备的正常运行。
- 环境因素：如温度、湿度、污染等外部条件也会使设备出现故障。

⑤ 故障性质信息

故障性质可以分为两大类：硬件故障和软件故障。硬件故障通常是由设备本身的质量问题或使用过程中的磨损、老化引起的。软件故障则更多地与环境因素、操作人员的技术水平等因素有关。明确故障性质有助于采取更有针对性的处理措施。

⑥ 故障处理信息

故障处理信息包括采取的紧急修理措施、计划内的检修活动及设备的技术改造等。这些信息不仅反映了故障处理的效率，也为评估处理效果提供了依据。通过收集这些信息，企业可以不断优化故障处理流程，提高设备的可靠性和生产效率。

⑦ 故障信息准确性

影响故障信息收集准确性的主要因素包括人员因素和管理因素。操作人员、维修人员、计算机操作人员及故障管理人员的技术水平、业务能力和工作态度均直接影响故障统计的准确性。在管理层面，故障报告单的完善程度、故障管理工作制度的制定、流程的规范及考核指标的设定都是决定信息管理成效的关键因素。

　　为了提高故障信息收集的准确性，企业需要结合自身的生产特点，重视故障信息管理体系的建立和完善，同时加强人员培训，确保所有参与故障信息收集和管理的人员都能够具备必要的技术和业务能力，并且拥有积极负责的工作态度。这些措施可以确保故障信息的准确性和完整性，为故障分析和预防提供坚实的基础。

10.4　实验过程

10.4.1　使用虚拟机构建一个复杂的网络架构

1. 网络接口配置

　　新建 3 台虚拟机，安装的操作系统为 Ubuntu 22.04。将这 3 台虚拟机分别命名为 Ubuntu 0、Ubuntu 1、Ubuntu 2，其中，Ubuntu 0 模拟网关设备，Ubuntu 1 和 Ubuntu 2 准备连接 Ubuntu 0。

　　Ubuntu 0 的网络适配器设置如图 10-1 所示，其中网络适配器 2 是通过"添加"实现的。将网络适配器设置为桥接模式（自动），表示该网络接口作为外部网络接口，即连接到互联网或外部网络的接口；将网络适配器 2 设置为仅主机模式，表示该网络接口作为内部网络接口，即连接到局域网或其他内部网络（Ubuntu 1 和 Ubuntu 2）的接口。

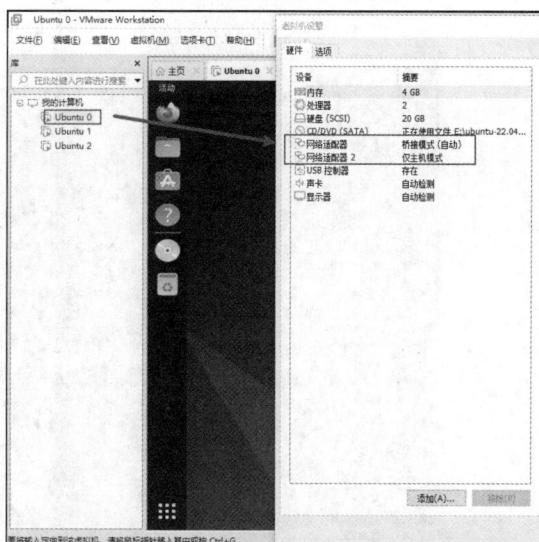

图 10-1　Ubuntu 0 的网络适配器设置

将 Ubuntu 1 和 Ubuntu 2 的网络适配器均设置为仅主机模式，如图 10-2 所示。这样它们只与宿主机及同一宿主机上的其他虚拟机通信，也就是说这两台虚拟机不能直接访问外部网络，但可以通过网关虚拟机（Ubuntu 0）间接访问外部网络。

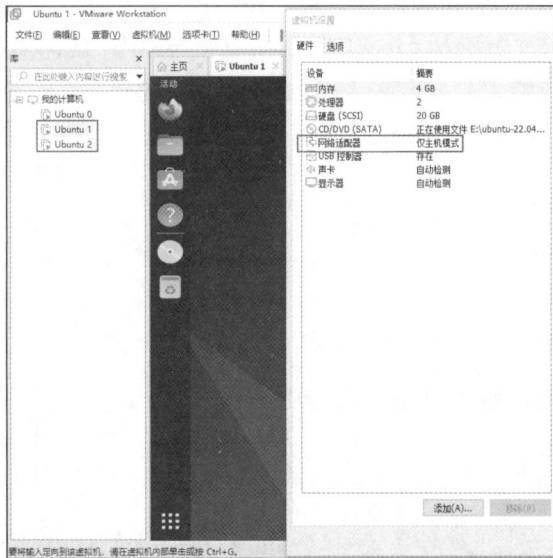

图 10-2　Ubuntu 1 和 Ubuntu 2 的网络适配器设置

在 3 台虚拟机上分别打开终端，执行 ifconfig 命令查看 3 台虚拟机的网络接口情况。

如果执行 ifconfig 命令时系统提示"找不到命令'ifconfig'，但可以通过以下软件包安装它：sudo apt install net-tools"，则执行提示该命令或 sudo apt-get install net-tools 命令安装 net-tools，如图 10-3 所示。

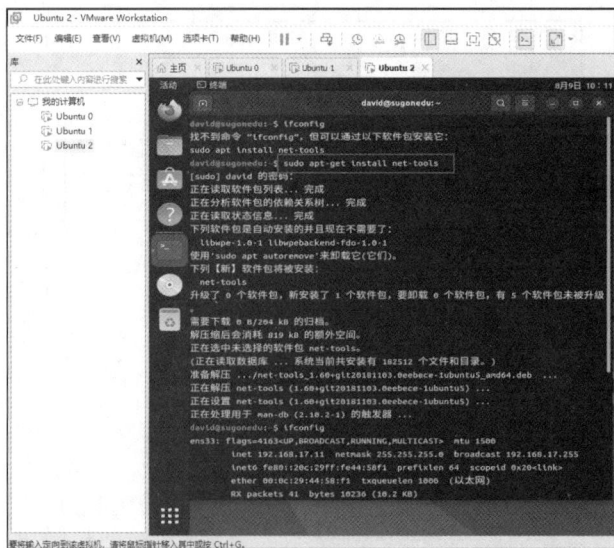

图 10-3　安装 net-tools

Ubuntu 0 的网络接口情况如图 10-4 所示，可以看到在 Ubuntu 0 中有两个网络接口，其中 ens33 是外部网络接口，Ubuntu 0 可以通过该接口访问外部网络；ens37 为内部网络接口，与即将接入的 Ubuntu 1 和 Ubuntu 2 组成内部网络。

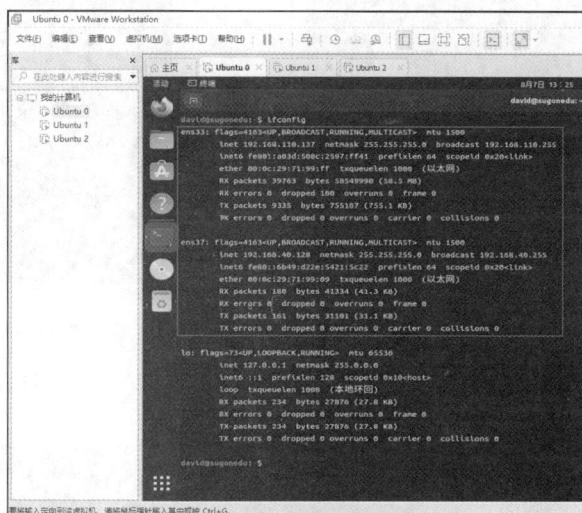

图 10-4　Ubuntu 0 的网络接口情况

Ubuntu 1 和 Ubuntu 2 的网络接口情况分别如图 10-5 和图 10-6 所示，可以看到在这两台虚拟机中，只有一个网络接口，即 ens33。

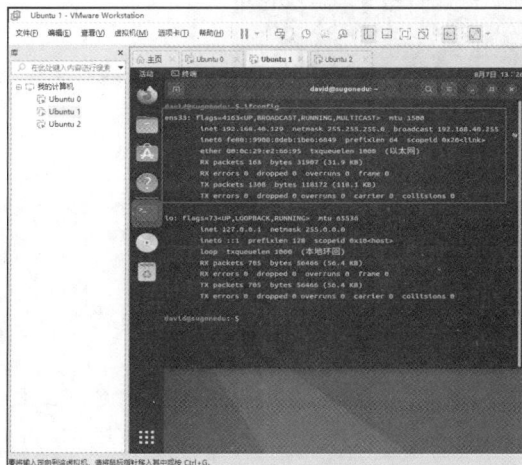

图 10-5　Ubuntu 1 的网络接口情况

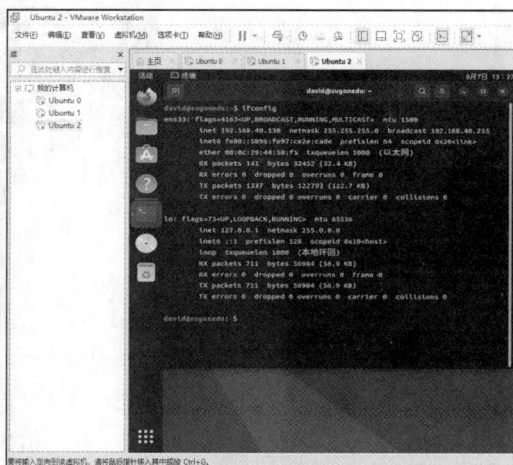

图 10-6　Ubuntu 2 的网络接口情况

此时，分别使用 Ubuntu 0、Ubutnu 1 和 Ubuntu 2 对外网进行 ping 操作：ping www.ptpress.com.cn，其输出分别如图 10-7、图 10-8 和图 10-9 所示。可以看到 Ubuntu 0 有数据包信息，表示可以访问到外网；而 Ubuntu 1 和 Ubuntu 2 均提示"域名解析出现暂时性错误"，表示不能访问外网。

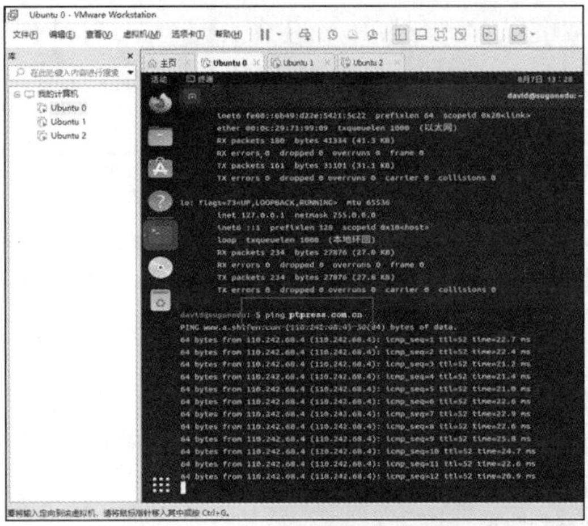

图 10-7　Ubuntu 0 ping 外网的情况

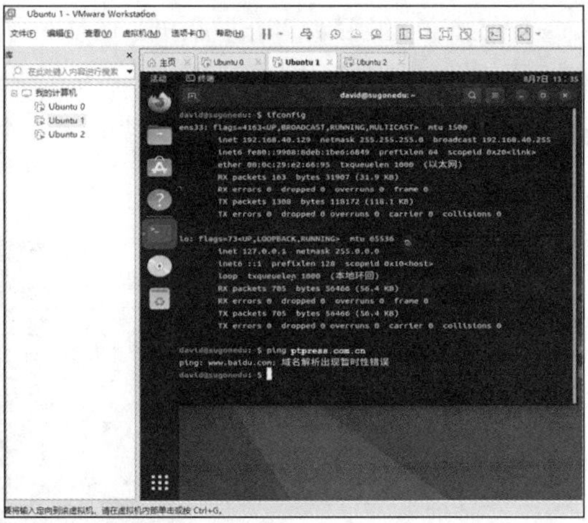

图 10-8　Ubuntu 1 ping 外网的情况

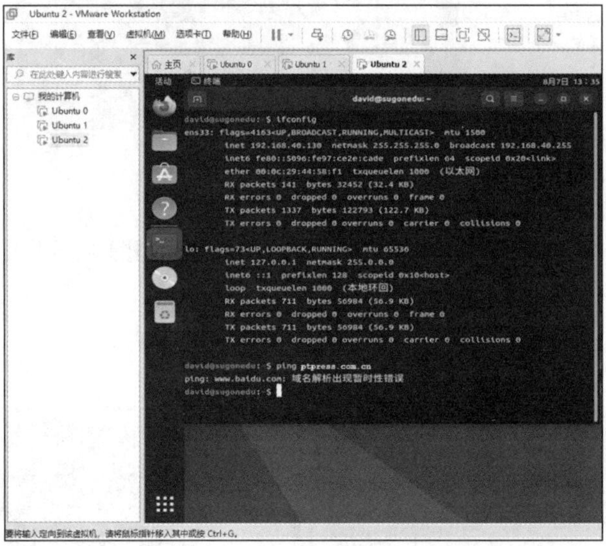

图 10-9　Ubuntu 2 ping 外网的情况

2．将 Ubuntu 0 配置为网关

将 Ubuntu 0 配置为网关的步骤如下。

步骤 1：开启 IP 地址转发功能。新建终端，使用 sudo vim /etc/sysctl.conf 命令（或其他编辑命令）编辑/etc/sysctl.conf 文件，如图 10-10 所示。

图 10-10　在 Ubuntu 0 编辑文件

在/etc/sysctl.conf 文件末尾添加代码"net.ipv4.ip_forward = 1"，如图 10-11 所示。

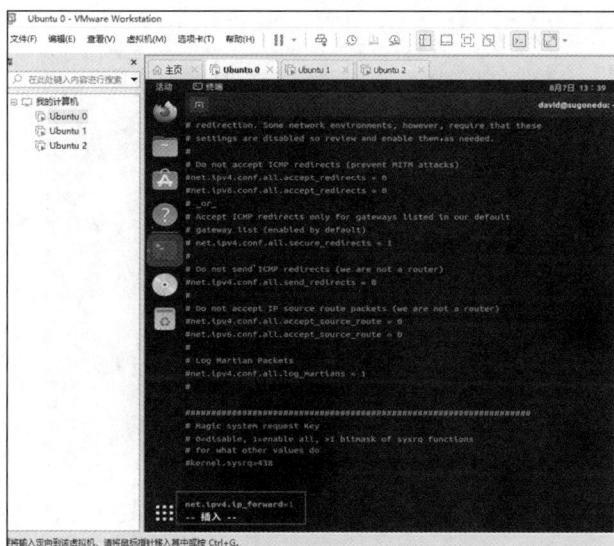

图 10-11　在文件末尾加入代码

退出文件，执行 sudo sysctl -p 命令应用更改，使 IP 地址转发生效，如图 10-12 所示。

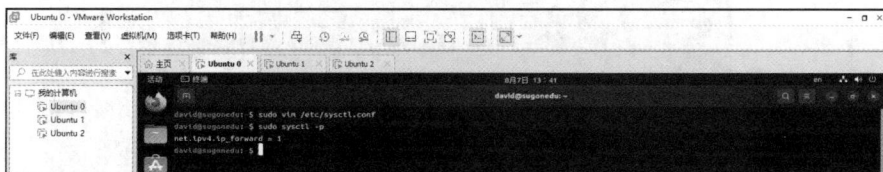

图 10-12　应用更改

步骤 2：配置内网接口。新建终端，使用 sudo vim /etc/netplan/01-netcfg.yaml 命令（或其他编辑命令）编辑/etc/netplan/01-netcfg.yaml 网络配置文件，如图 10-13 所示。

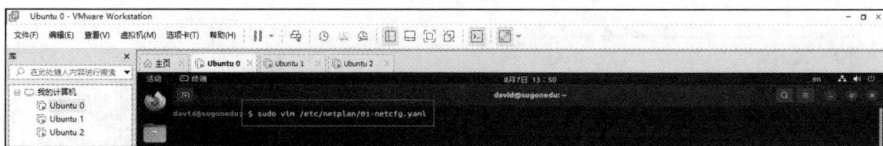

图 10-13　在 Ubuntu 0 上编辑网络配置文件

在/etc/netplan/01-netcfg.yaml 网络配置文件中，添加图 10-14 所示代码并保存文件。这段代码为 Ubuntu 0 的"仅主机模式"的网络适配器 2（由图 10-4 可知为 ens37）设置了一个自定义的静态 IP 地址。在案例中，IP 地址为 192.168.17.1，子网掩码为 255.255.255.0，使用斜线记法即/24。

使用 sudo netplan apply 命令使网络接口配置生效，如果提示"Permissions for … are too open"，则执行 sudo chmod 600 /etc/netplan/01-netcfg.yaml，否则执行 sudo chmod 600 /etc/netplan/01-network-manager-all.yaml，如图 10-15 和图 10-16 所示。

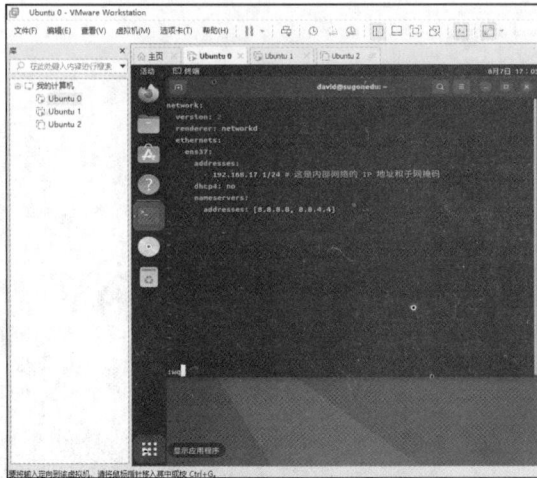

图 10-14　为 Ubuntu 0 的网络适配器 2 设置静态 IP 地址

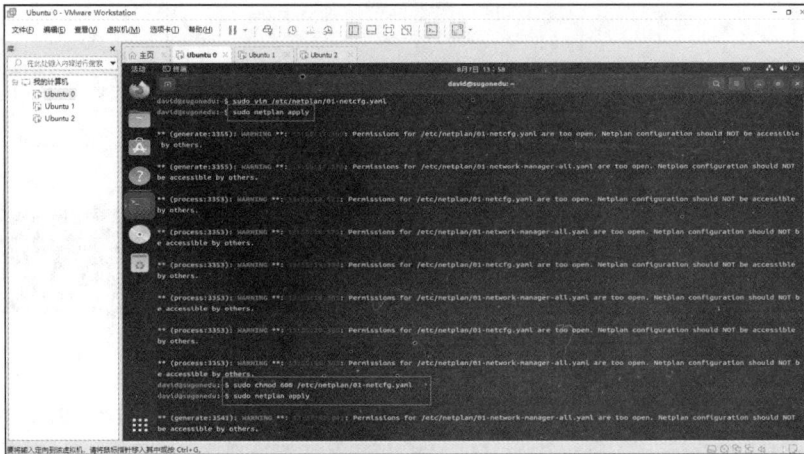

图 10-15　使 Ubuntu 0 网络接口配置生效 1

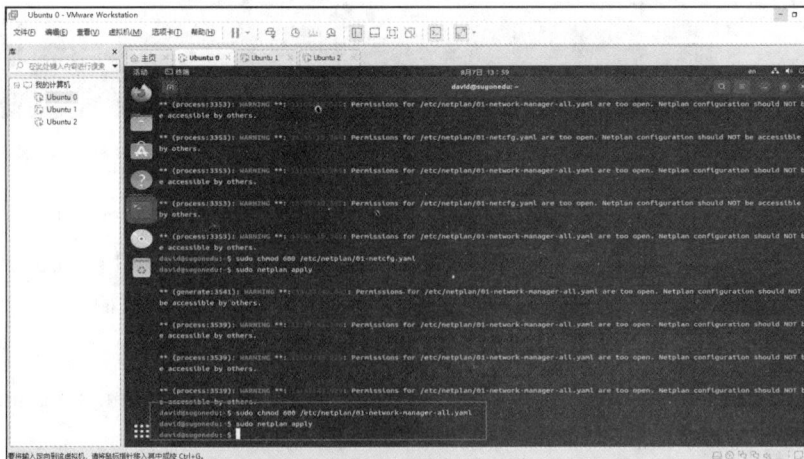

图 10-16　使 Ubuntu 0 网络接口配置生效 2

步骤 3：设置 NAT 规则。新建终端，使用 iptables 命令设置 NAT 规则，允许内网虚拟机（Ubuntu 1 和 Ubuntu 2）通过网关（Ubuntu 0）访问外网，设置命令如下。

```
sudo iptables -t nat -A POSTROUTING -o ens0 -j MASQUERADE
sudo iptables -A FORWARD -i ens37 -o ens33 -m state --state RELATED,ESTABLISHED
-j ACCEPT
sudo iptables -A FORWARD -i ens33 -o ens37 -j ACCEPT
```

这段代码设置桥接模式的 ens33 接口用于连接到外网，仅主机模式的 ens37 接口用于连接到内网。

执行 sudo apt install iptables-persistent 命令安装 iptables-persistent 用以保存规则，以便重启后规则仍然有效，如图 10-17 所示。

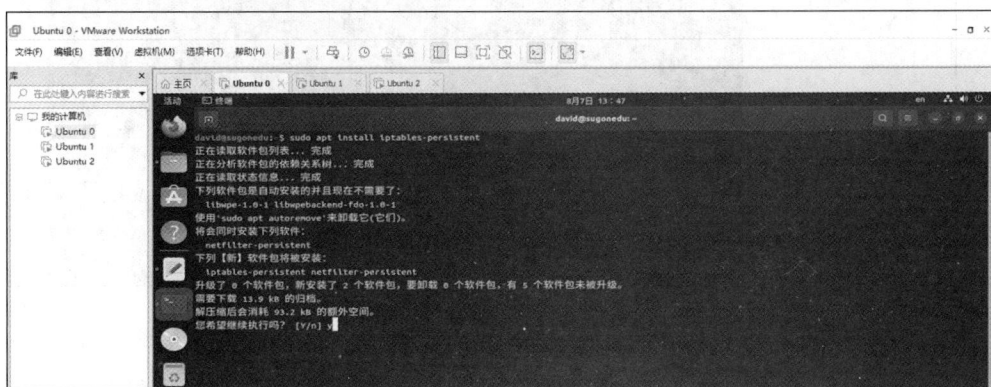

图 10-17　Ubuntu 0–设置 NAT 规则–安装 iptables-persistent

执行 sudo netfilter-persistent save 命令以保存规则，如图 10-18 所示。

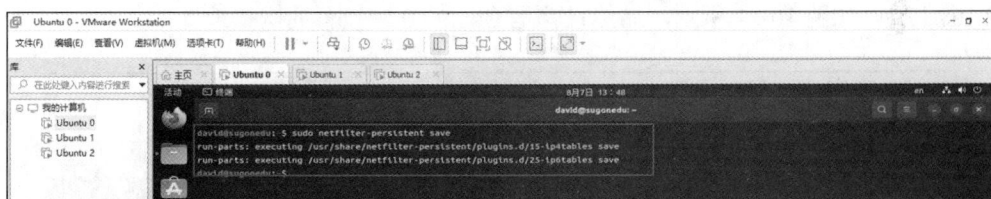

图 10-18　Ubuntu 0–设置 NAT 规则–保存规则

执行 sudo netfilter-persistent reload 命令以启动规则，如图 10-19 所示。

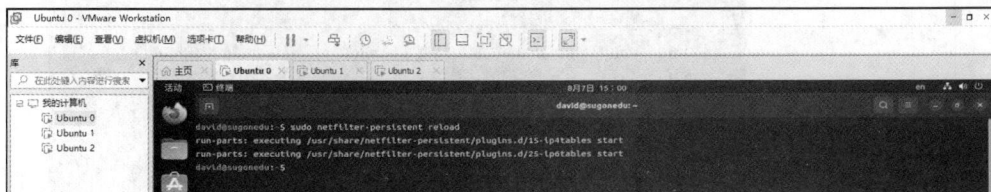

图 10-19　Ubuntu 0–设置 NAT 规则–启动规则

如此，Ubuntu 0 虚拟机的网络配置完毕，它已经成为一个网关设备。

3. 配置 Ubuntu 1 网络接口

新建终端，使用 sudo vim /etc/netplan/01-netcfg.yaml 命令（或其他编辑命令）编辑 /etc/netplan/01-netcfg.yaml 文件，如图 10-20 所示。

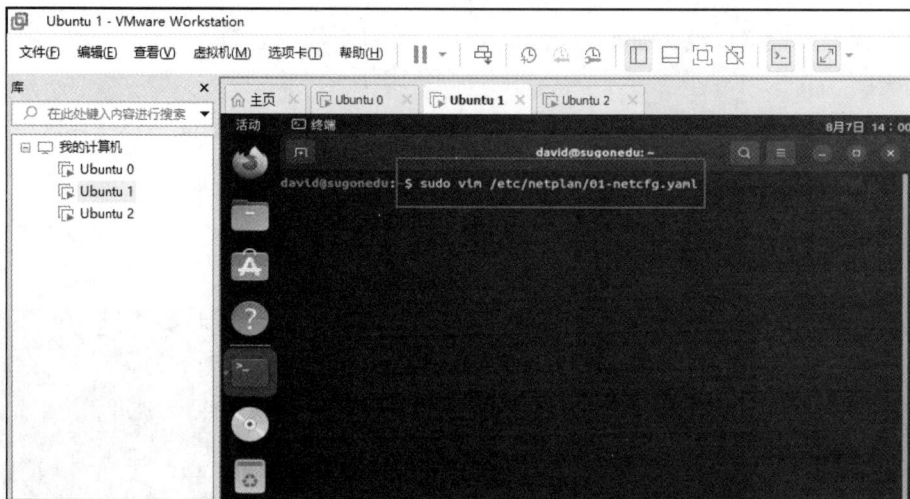

图 10-20　配置 Ubuntu 1 网络接口–编辑文件

在/etc/netplan/01-netcfg.yaml 文件中，添加图 10-21 所示代码。这段代码为 Ubuntu 1 的"仅主机模式"的网络适配器（由图 10-5 可知为 ens33，注意和 Ubuntu 0 的网络接口做区分）设置了一个自定义的静态 IP 地址。在案例中，IP 地址为 192.168.17.10，子网掩码为 255.255.255.0，使用斜线记法即/24，同时使用 routes 参数指明默认网关的地址为 192.168.17.1，如图 10-21 所示。显然它就是 Ubuntu 0 中设置的网关地址。

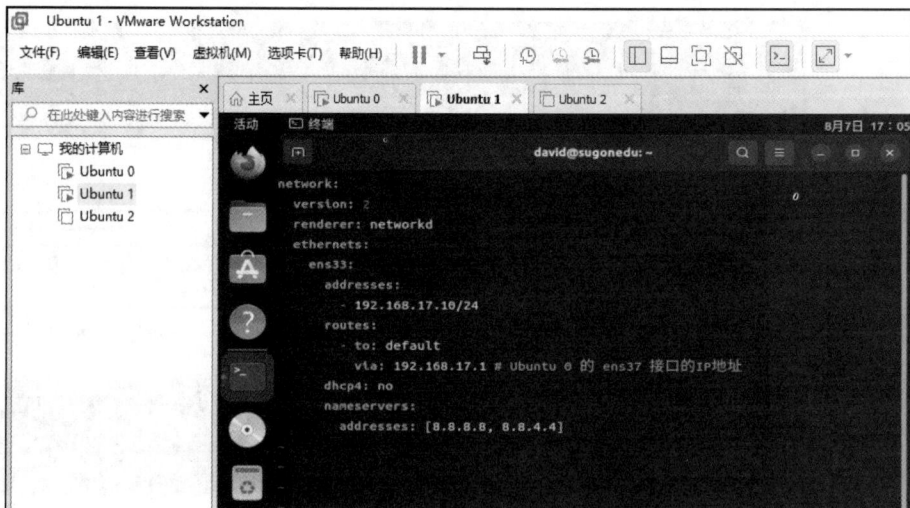

图 10-21　为 Ubuntu 1 配置 IP 地址和网关地址

使用 sudo netplan apply 命令使网络接口配置生效，如果提示"Permissions for … are too open"，则先执行 sudo chmod 600 /etc/netplan/01-netcfg.yaml，否则执行 sudo chmod 600 /etc/netplan/01-net-manager-all.yaml，如图 10-22 和图 10-23 所示。

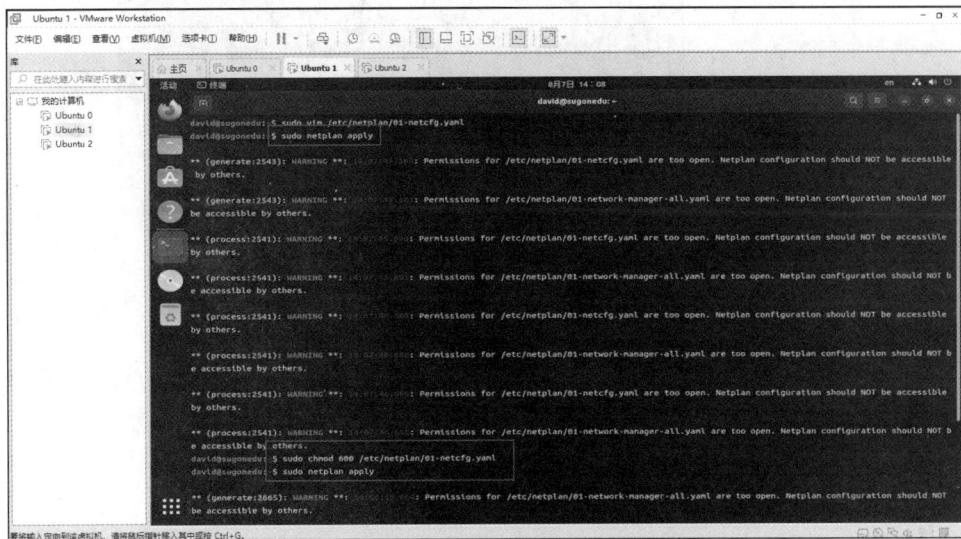

图 10-22　配置 Ubuntu 1 网络接口–保存更改 1

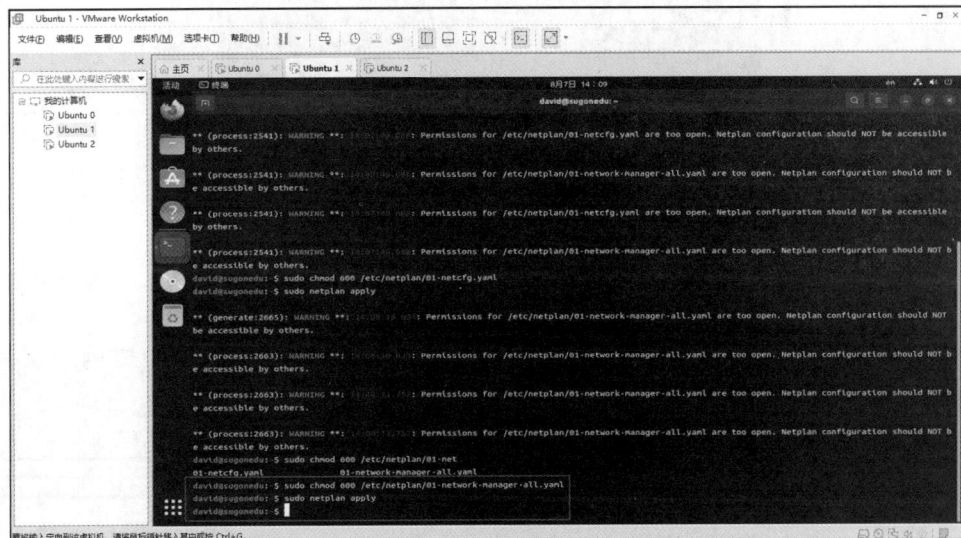

图 10-23　配置 Ubuntu 1 网络接口–保存更改 2

使用 ping 命令分别 ping Ubuntu 0 的外网接口 IP（192.168.110.137）地址和主站网址（www.ptpress.com.cn），测试 Ubuntu 1 的外网连通性。从图 10-24 中可以看到，此时 Ubuntu 1 均能够成功 ping 通，这表示 Ubuntu 1 已经成功连入 Ubuntu 0 这台模拟的网关，并实现了访问外网的功能。

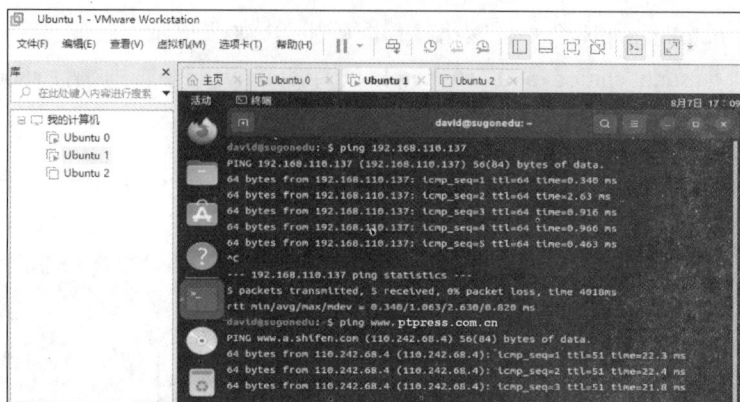

图 10-24 Ubuntu 1 ping 外网成功

4．配置 Ubuntu 2 网络接口

新建终端，使用 sudo vim /etc/netplan/01-netcfg.yaml 命令（或其他编辑命令）编辑 /etc/netplan/01-netcfg.yaml。

在/etc/netplan/01-netcfg.yaml 文件中，添加图 10-25 所示代码。

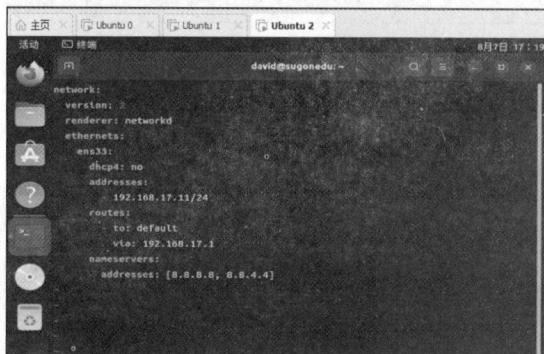

图 10-25 配置 Ubuntu 2 网络接口–编辑文件并保存

这段代码为 Ubuntu 2 的"仅主机模式"的网络适配器（从图 10-6 中可知为 ens33，注意和 Ubuntu 0 的网络接口做区分）设置了一个自定义的静态 IP 地址。在案例中，IP 地址为 192.168.17.11（注意不要和 Ubuntu 1 的 IP 地址发生冲突），子网掩码为 255.255.255.0，使用斜线记法即/24，同时使用 routes 参数指明默认网关的地址为 192.168.17.1，如图 10-25 所示。显然它就是 Ubuntu 0 中设置的网关地址。

使用 sudo netplan apply 命令使网络接口配置生效，如果提示"Permissions for … are too open"，则执行 sudo chmod 600 /etc/netplan/01-netcfg.yaml，否则执行 sudo chmod 600 /etc/netplan/01-net-manager-all.yaml。

使用 ping 命令分别 ping Ubuntu 0 的外网接口 IP 地址（192.168.110.137）和网址（www.ptpress.com.cn），测试 Ubuntu 2 的外网连通性。从图 10-26 中可以看到，此时 Ubuntu 2 均能够成功 ping 通，这表示 Ubuntu 2 已经成功连入 Ubuntu 0 这台模拟的网关设

备，并实现了访问外网的功能。

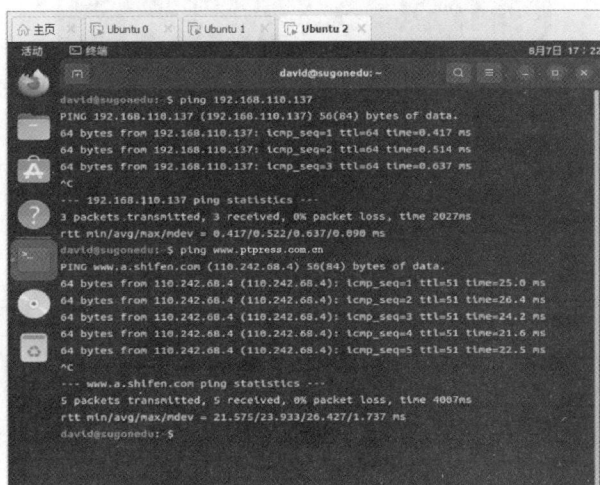

图 10-26 Ubuntu 2 ping 外网成功

同时，我们在 Ubuntu 2 上 ping Ubuntu 1，发现依然可以 ping 通，这表示两台终端在同一个内网中，如图 10-27 所示。

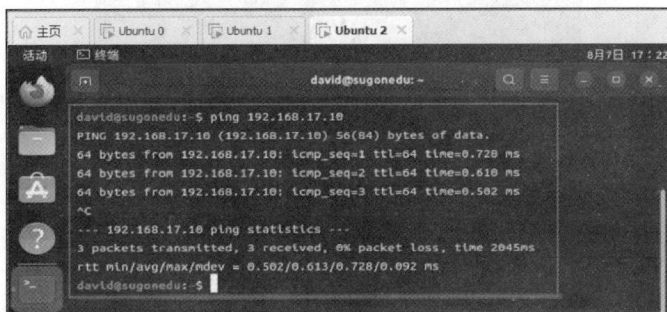

图 10-27 Ubuntu 2 成功 ping 通 Ubuntu 1

10.4.2 网络故障模拟、排查和恢复

1. 模拟网关故障

下面通过修改 Ubuntu 0 的内部网络接口的网关设置来模拟 Ubuntu 1 接入的网关和 Ubuntu 0 设置的网关 IP 地址不一致的网关故障，导致 Ubuntu 1 无法访问外网。

（1）模拟过程

新建终端，使用 sudo vim /etc/netplan/01-netcfg.yaml 命令（或其他编辑命令）编辑 /etc/netplan/01-netcfg.yaml 文件，将 Ubuntu 0 设置的内部网络的网关更改为一个新的地址，如 192.168.18.1（原来的网关地址是 192.168.17.1），而后执行 sudo netplan apply 命令使网络接口配置生效。编辑后的/etc/netplan/01-netcfg.yaml 文件内容如图 10-28 所示。

图 10-28　编辑后的文件内容

更改后，Ubuntu 1 试图通过错误的网关地址（还是原来的 192.168.17.1）转发数据包，将会无法访问外网。使用 Ubuntu 1 ping 网站（www.ptpress.com.cn）的结果如图 10-29 所示。

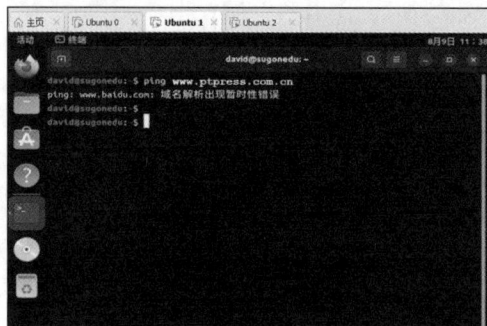

图 10-29　Ubuntu 1 连入错误网关的 ping 输出结果

（2）恢复

以下两种方法都可以恢复 Ubuntu 1 的外网访问能力，它们的思路都是一样的，即保证 Ubuntu 0 设置的内网接口的网关 IP 地址和 Ubuntu 1 接入的网络接口的网关 IP 地址一致。

方法 1：在 Ubuntu 0 中编辑 /etc/netplan/01-netcfg.yaml 文件，将 Ubuntu 0 设置的内部网络的网关恢复为原来的网关，即 192.168.17.1，而后使修改生效即可。

方法 2：在 Ubuntu 1 中编辑/etc/netplan/01-netcfg.yaml 文件，将 Ubuntu 1 设置的网络接入的网关同样更新为 Ubuntu 0 中新的网关 192.168.18.1，而后使修改生效即可。

2．模拟路由表故障

通过在 Ubuntu 0 上添加一条错误的静态路由模拟路由故障，导致所有发往 192.168.17.0/24 子网的数据包流量都无法正常转发。

（1）模拟过程

步骤 1：确定要影响的网络流量，这通常是基于目标网络的 IP 地址或子网地址。例如，如果希望阻止 Ubuntu 1 访问特定的子网（192.168.17.0/24），就需要针对这个子网添加错误的静态路由。

使用 sudo ip route show 命令可以查看子网。如图 10-30 所示，可以看到内部网络接口的子网就是 192.168.17.0/24。

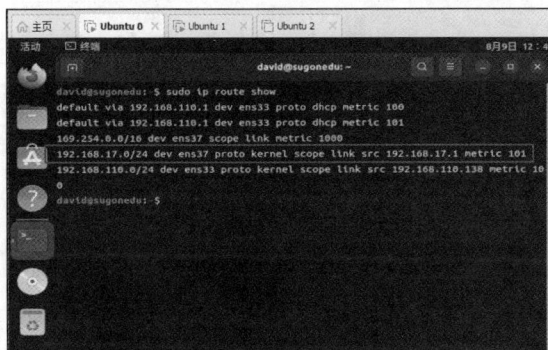

图 10-30　在 Ubuntu 0 上查看子网

步骤 2：添加错误的静态路由。使用 ip route 命令在 Ubuntu 0 上添加一条错误的静态路由。这条路由将把目标网络的流量错误地导向一个无效的下一跳地址。

```
sudo ip route add 192.168.17.0/24 via 127.0.0.1 dev lo
```

在这个例子中，192.168.17.0/24 是要影响的子网，127.0.0.1 是一个无效但合法的下一跳地址，lo 表示是本地环回接口。这将导致所有发往 192.168.17.0/24 子网的数据包错误地被本地系统接收，不会被转发到物理网络，从而无法到达目的地。这种方法会阻止所有发往指定子网的数据包离开本地系统。

步骤 3：验证路由。可以使用 sudo ip route show 命令来查看 Ubuntu 0 的路由表，确认添加的错误路由是否已经生效。如图 10-31 所示，在输出中能够看到刚刚添加的错误路由。

步骤 4：验证网络故障。尝试从 Ubuntu 1 访问特定子网的 IP 地址（192.168.17.1/24）及 Ubuntu 0 的外网 IP 地址（192.168.110.137），如图 10-32 所示。可以发现访问失败，这是因为数据包被错误地路由了。

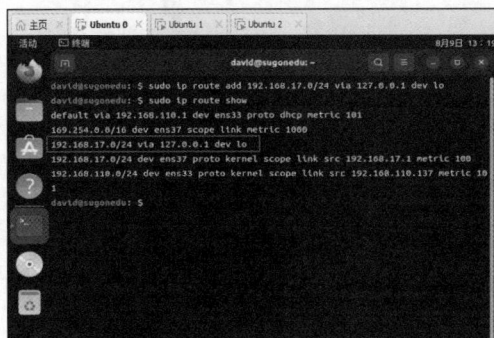

图 10-31　在 Ubuntu 0 上验证错误路由

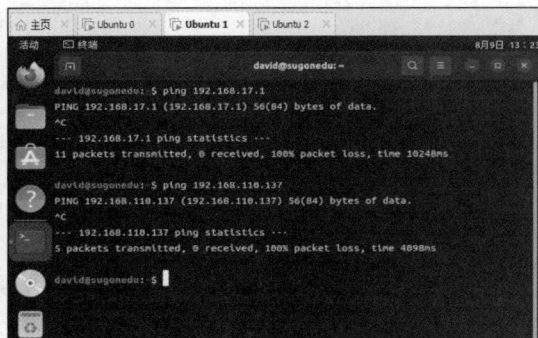

图 10-32　在 Ubuntu 1 上访问错误路由

（2）恢复

使用如下命令删除错误的静态路由，即可恢复正常网络通信。

```
sudo ip route del 192.168.17.0/24 via 127.0.0.1 dev lo
```

通过 sudo ip route show 命令可以看到错误路由被成功删除了，如图 10-33 所示。

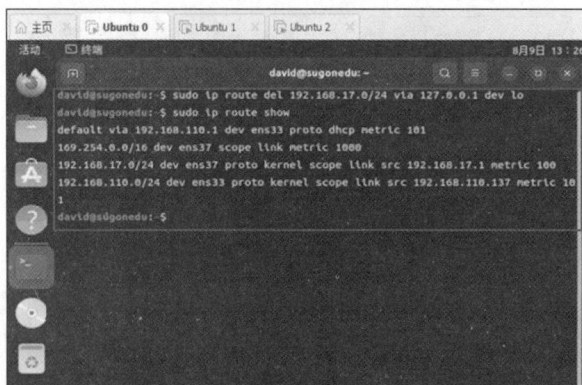

图 10-33　在 Ubuntu 0 上删除错误路由

此时再尝试从 Ubuntu 1 访问特定子网的 IP 地址（即 192.168.17.1/24）及 Ubuntu 0 的外网 IP 地址（192.168.110.137），可以发现都能够成功访问（ping 通），如图 10-34 所示。

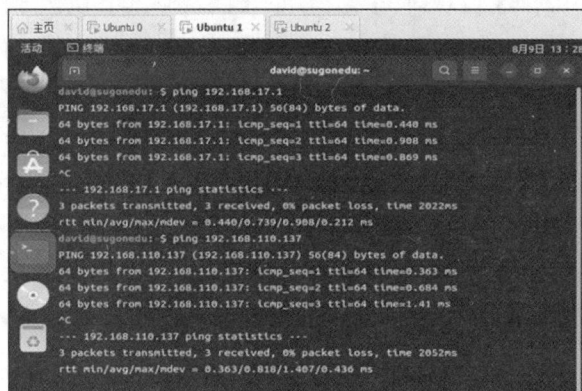

图 10-34　在 Ubuntu 1 上访问正确路由

3．模拟防火墙故障

若要模拟防火墙故障并阻止内网接口（如 ens37）的网络流量，可以向 iptables 的 INPUT、OUTPUT 和 FORWARD 链中添加一些限制性规则。

（1）模拟过程

步骤 1：确定当前的 iptables 规则。使用 sudo iptables -L -n -v 查看当前的 iptables 规则，可以看到规则中允许经过 ens37 接口的转发，如图 10-35 所示。

步骤 2：添加 iptables 限制性规则。如果需要一次性阻止所有通过 ens37 接口的流量，可以考虑在 INPUT、OUTPUT 和 FORWARD 链中都添加 DROP（阻止）规则。

阻止所有通过 ens37 接口进入 Ubuntu 0 的数据包，命令如下。

```
sudo iptables -I INPUT -i ens37 -j DROP
```

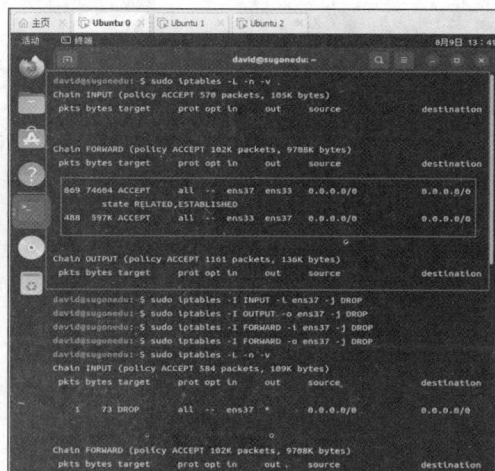

图 10-35　在 Ubuntu 0 上查看 iptables 规则

阻止所有通过 ens37 接口离开 Ubuntu 0 的数据包，命令如下。

```
sudo iptables -I OUTPUT -o ens37 -j DROP
```

阻止所有通过 ens37 接口的数据包被转发到其他接口，命令如下。

```
sudo iptables -I FORWARD -i ens37 -j DROP
sudo iptables -I FORWARD -o ens37 -j DROP
```

添加规则后，使用 sudo iptables -L -n -v 查看当前的 iptables 规则，如图 10-36 所示，表示限制性规则已添加成功。

步骤 3：保存并重启规则。分别运行 sudo netfilter-persistent save 和 sudo netfilter-persistent reload 命令，保存添加后的限制性规则并重启规则，如图 10-37 所示。

图 10-36　在 Ubuntu 0 添加 DROP 规则

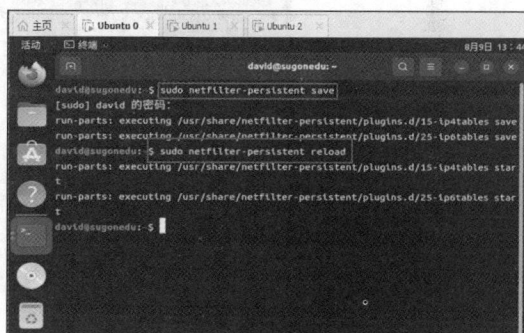

图 10-37　在 Ubuntu 0 上保存并启动 DROP 规则

步骤 4：验证规则。尝试从 Ubuntu 1 访问 192.168.17.1 及 Ubuntu 0 的外网 IP 地址（192.168.110.137），可以发现访问失败（ping 不通），这是因为 Ubuntu 1 经过 ens37 接口的数据包都被 Ubuntu 0 的防火墙规则被阻止了，如图 10-38 所示。

（2）恢复

删除添加的 DROP 规则，即可恢复正常网络通信，如图 10-39 所示。

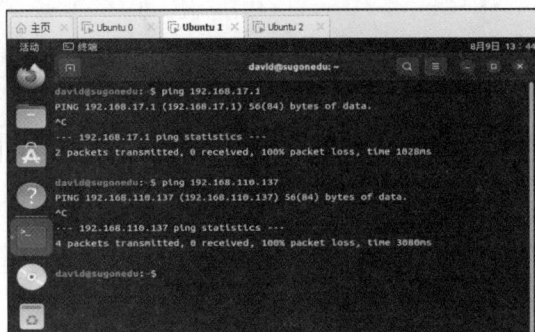

图 10-38　在 Ubuntu 1 上访问失败

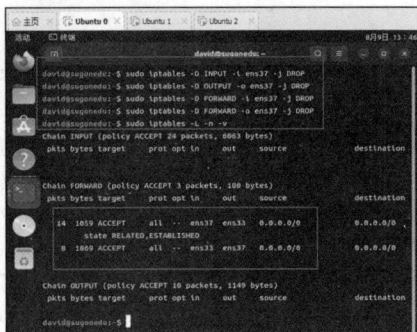

图 10-39　在 Ubuntu 0 删除 DROP 规则

此时再尝试从 Ubuntu 1 访问 192.168.17.1 及 Ubuntu 0 的外网 IP 地址（192.168.110.137），可以发现成功访问（ping 通），如图 10-40 所示。

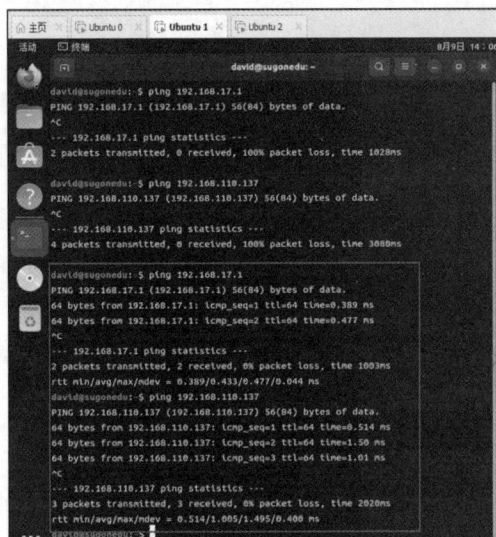

图 10-42　在 Ubuntu 1 上访问成功

10.5　习题

1. 工业智能网关串口异常的原因有_____、_____、_____。

2. 将设备的网口接入计算机网口，正确设置网络，发送_____命令，检测网口是否能建立网络连接。

3. 工业智能网关 LED 灯（电源指示灯、业务卡指示灯）不亮需要检查_____、_____、_____。

4. 简要阐述工业智能网关网口异常可能出现的原因及处理方法。